AFRO-DESCENDENTE:
IDENTIDADE EM CONSTRUÇÃO

Ricardo Franklin Ferreira

AFRO-DESCENDENTE: IDENTIDADE EM CONSTRUÇÃO

PALLAS

FAPESP

educ

Rio de Janeiro / São Paulo

2000

Pallas Editora - RJ
Editor:
Cristina Fernandes Warth
Coordenação Editorial:
Heloisa Brown
Revisão Tipográfica:
Sandra Pássaro
Concepção Gráfica de Capa:
Marcello Gemmal
Foto de Capa:
Januário Garcia

EDUC – Editora da PUC - SP
Direção:
Maria do Carmo Guedes
Maria Eliza Mazzilli Pereira
Produção:
Maria Eliza Mazzilli Pereira
Preparação:
Sonia Rangel
Revisão de Provas:
Lídia Silva Pereira
Editoração Eletrônica:
Digital Press

FICHA CATALOGRÁFICA ELABORADA PELA BIBLIOTECA REITORA NADIR GOUVÊA KFOURI

Ferreira, Ricardo Franklin
Afro-descendente: identidade em construção / Ricardo Franklin Ferreira. – São Paulo : EDUC ; Rio de Janeiro : Pallas, 2000.

188p. ; 23 cm
Bibliografia.

ISBN 85-283-0192-3 (Educ)
ISBN 85-347-0231-4 (Pallas)

1. Afro-brasileiros – identidade racial. 2. Negros – Brasil – Identidade racial. 3. Psicologia ética – Negros. I. Título.

CDD 155.84036
305.896081

Pallas Editora e Distribuidora Ltda.
Rua Frederico de Albuquerque, 44 – Higienópolis
21050-840 – Rio de Janeiro – RJ
Tel.: (21) 270-0186 /590-6996
E-mail: pallas@alternex.com.br

PALLAS

educ

Rua Ministro Godói, 1213
05015-001 – São Paulo – SP
Telefax: (11) 3873-3359 / 262-6003
E-mail: educ@pucsp.br

Ao meu filho Artur – grande amigo do mar –, a quem amo muito e por quem tenho grande admiração. Sua presença, fundamental, preenche-me de força. Ensinou-me a ver a vida como uma grande aventura a ser desfrutada intensamente a cada momento. Quero que um dia ele venha a compreender este trabalho.

Ao meu filho Alexandre – que vive no mar –, de quem tenho saudade permanente. Ele me ensinou a alegria de viver. Seu abraço e seu sorriso de contentamento ainda me tocam. Não quero nunca deixar de ver o seu rosto e ouvir a sua voz.

À minha companheira Ilda – um mar –, por sua grandeza e força de viver. É presença fundamental e permanente fonte de afeto, desafio, incentivo e respeito. Ensinou-me, com sofrimento e luta, que podemos suplantar as condições de restrição que as situações da vida tentaram nos destinar e a possibilidade de nos tornarmos autores e heróis de nossas próprias histórias. Quero sempre sua presença e também, um dia, tornar-me um herói.

À Roni e ao Juarez. Eles me mostraram mares desconhecidos e profundos. São presenças imprescindíveis.

... e a todos os brasileiros, aos quais este trabalho se destina. Desejo que venhamos a viver no mesmo mar.

Não caçamos pretos, no meio da rua, a pauladas, como nos Estados Unidos. Mas fazemos o que talvez seja pior. A vida do preto brasileiro é toda tecida de humilhações. Nós tratamos com uma cordialidade que é o disfarce pusilânime de um desprezo que fermenta em nós, dia e noite.

Nelson Rodrigues

SUMÁRIO

PREFÁCIO

Venho, há alguns anos, aprofundando-me nas questões voltadas para a construção da identidade pessoal. Meu interesse foi se ampliando por meio de minhas atividades em psicoterapia, das supervisões de atendimento clínico na universidade em que leciono e pela participação em um grupo de pesquisadores voltados ao estudo de problemas referentes à população afro-descendente no Brasil.

Tenho desenvolvido um trabalho sistemático na busca de compreensão das estruturas de significado do indivíduo, isto é, de suas "teorias" acerca da realidade, e das circunstâncias que efetivamente provocam mudanças nas estruturas pessoais, decorrentes de certas vivências particulares. Essas vivências geradoras de impacto provocador de transformações são verdadeiras situações de "conversão" e podem apontar direções para estratégias favorecedoras do desenvolvimento de identidades saudáveis. Em outras palavras, quero compreender como certos acontecimentos na vida de um indivíduo podem provocar mudanças existenciais profundas, mudanças freqüentemente não alcançadas a partir de nossas práticas psicológicas.

Além disso, minha participação em um grupo de pesquisadores, na Universidade de São Paulo,[1] voltado ao estudo de questões referentes aos afro-descendentes no Brasil e a políticas de combate à discriminação, levou-me, além do interesse crescente por essa popu-

[1] Grupo de Estudos Interdisciplinares das Ancestralidades Africanas e Cidadania (Geaac), composto de mestrandos e doutorandos dos Programas de Pós-Graduação em Psicologia (Ipusp), Educação (Feusp) e Integração da América Latina (Prolam/USP), sob orientação da doutora Ronilda Ribeiro.

lação, a intensificar minhas preocupações quanto à relevância social dos trabalhos desenvolvidos na área da psicologia e quanto ao impacto da aplicação dos conhecimentos por ela sistematizados sobre a existência concreta das pessoas, com a qual o cientista está existencial, ética e socialmente comprometido.

Em um primeiro levantamento bibliográfico da psicologia brasileira sobre o afro-descendente, verifiquei que trabalhos voltados para as especificidades dessa população são quase inexistentes, apesar de o povo brasileiro conter uma expressiva presença demográfica de afrodescendentes, constituindo um grupo cujo número atinge a metade ou mais da população.

No Brasil, país de maior população negra fora da África, os valores ancestrais africanos estão presentes e muito atuantes no processo de desenvolvimento da identidade e da cidadania. Há, porém, um processo de desvalorização dos elementos das cosmovisões de matrizes africanas. Vivemos em uma sociedade na qual os valores determinados por uma cultura branca européia são vistos como superiores, ocasionando aos afro-descendentes o desenvolvimento de auto-imagem negativa, acompanhada de baixa auto-estima, o que muito contribui para gerar condições desumanas de existência e tende a perpetuar-se em um processo de exclusão, sustentado por complexo mecanismo social. Assim, torna-se extremamente importante que trabalhos em psicologia voltem-se para essa população, fornecendo, aos afro-descendentes, subsídios para que possam desenvolver uma identidade afirmada positivamente, de maneira a favorecer seu exercício de cidadania.

Partindo de tais questões, este trabalho, originalmente tese de doutorado em Psicologia realizada na USP,[2] visou ampliar minha compreensão do processo de construção da identidade do brasileiro afrodescendente.

Acredito que um estudo contendo tais preocupações possa ter efetiva relevância social, pois pode sugerir caminhos para o favorecimento de uma condição de vida melhor para a população brasileira.

---

[2] Pesquisa financiada pelo CNPq.

Considero este trabalho como uma construção coletiva na qual tenho a função de porta-voz. Tive muitos companheiros de viagem, todos eles co-autores. Devo a cada um minha gratidão, por sua presença e incentivo, sem o que, com certeza, não teria coragem de prosseguir.

Muitas foram as pessoas que me acompanharam – meus professores e colegas da PUC e da USP, meus companheiros da Universidade Paulista, os pesquisadores do GEAAC, meus companheiros do Movimento Negro, meus colegas do consultório, meus alunos, meus clientes e, em especial, Ronilda Ribeiro, minha permanente orientadora, Ilda Monteiro Ferreira, minha companheira de todos os momentos – todos interlocutores fundamentais.

Devo gratidão a todos eles...

... e a João, pela grandeza da obra de arte da qual é autor.

INTRODUÇÃO

("Somos todos morenos" – um eufemismo brasileiro)

A busca de compreensão da situação humana é um exercício de coragem, pois somos transformados pelo próprio processo de realizá-la. Porém, um desafio inevitável, pois compreender e existir são processos inseparáveis que dialeticamente vão nos constituindo.

Entre os vários procedimentos da ciência voltados para o conhecimento do real, um grande número consiste em instrumentos favorecedores de distanciamento entre o conhecedor e a situação a ser conhecida. Além disso, nossos discursos científicos, vistos como representações de realidade, constituem-se em construções conceituais que têm-se demonstrado de grande utilidade para o controle da natureza. É indiscutível que, com uma ótica semelhante, a ciência psicológica desenvolveu grandes formulações acerca do humano, entretanto, as principais questões existenciais quase não foram tocadas.

Alguns trabalhos acadêmicos visam o simples cumprimento de exigências para a obtenção de título profissional ou para uma publicação, configurando-se em exercícios elegantes, metodologicamente corretos. Outros são construídos a partir de necessidades efetivas dos pesquisadores de compreender recortes de realidade em que se inserem, objetivando transformá-los em instrumentos eficazes para a interferência sobre essa mesma realidade. Para estes, os discursos devem partir das próprias vivências, o lugar onde a vida se dá e às quais a ciência deve servir. Essa postura inclui preocupações éticas e políticas, pois, tenhamos consciência ou não, as ações científicas, mesmo aquelas decorrentes das denominadas "ciências puras", além de nos constituírem como indivíduos, participam da formação da cultura em que estamos inseridos.

Com apoio nesses pressupostos, o conteúdo deste livro ancorou-se em várias situações vividas por mim, acreditando ser esta a maneira de manter motivação suficiente para prosseguir e não incorrer no risco de me afastar em demasia do terreno do qual parti e ao qual o trabalho se destina. Assim, procurei desenvolver narrativas articuladas com situações existenciais concretas, evitando que viessem a constituir-se em fantasias, descrições de meras possibilidades existenciais, exercício já realizado pelos poetas com muito mais maestria e beleza.

Relato aqui um fato do qual fui um dos personagens e creio ser paradigmático do que discuto no transcorrer do estudo. Foi um acontecimento com uma duração de não mais de trinta segundos, mas considero-o tanto a gênese do trabalho quanto a situação existencial a percorrê-lo em toda sua elaboração.

> *Certo dia, num determinado departamento da universidade, inscrevia-me para um projeto oferecido a pesquisadores; encontrava-me, juntamente com outros colegas, também interessados, aguardando o momento de efetuar todas as formalidades exigidas. Após a entrega de documentos, um rapaz, atrás de um guichê, fornecia-nos o comprovante da inscrição. Enquanto aguardava minha vez, este rapaz entregou alguns comprovantes para pessoas próximas, restando um documento em sua mão. Pertencia a uma moça, vestida de amarelo, sentada a meu lado, que, naquele momento, distraída, remexia alguns papéis. O rapaz solicitou minha ajuda para entregar o documento:*
> *– Moço, por favor, o senhor poderia entregar este comprovante para aquela moça..., aquela moça...* [demonstrando hesitação] *morena* [dando ênfase] *que está ali?*
> *Olhei para a pessoa apontada e nesse momento fiquei surpreso, pois a moça a quem ele se referia era negra.*
> *Como já vinha trabalhando com a questão racial, a expressão usada pelo rapaz chamou-me a atenção. Reconheci certa dificuldade dele em lidar com a qualidade de a moça ser negra. Entendi o uso do eufemismo, referenciado em sua cor de pele, como uma tenta-*

tiva de evitar expressar-se de uma "maneira preconceituosa". Aparentemente tentava ser polido e "politicamente correto".

Ao meu lado direito, sem ter-me dado conta, encontrava-se uma senhora também negra. No momento em que entregava o documento à moça, distraída com suas coisas e não demonstrando ter percebido o que ocorria, a senhora, voltando-se para o moço do guichê disse, alto e firme, mas com delicadeza:

– Negra! Ela é negra! Ela não é morena, nem tem outra cor. Qual é a cor dela? Ela é negra. Pode chamá-la de negra.

Imediatamente após dizer tais frases, a senhora olhou diretamente para mim, uma pessoa de pele branca. Seu olhar era acompanhado do que me parecia ser o esboço de um sorriso cúmplice.

Voltei-me para o moço um pouco assustado, pois havia sido deflagrada uma situação pública constrangedora.

O acontecimento parecia tê-lo desarticulado. Fazia movimentos desconexos de corpo e braços, andando na sala sem direção. Após alguns segundos, evitando o contato de olhar, disse à senhora:

– Desculpe, eu, eu, eu... não queria ofender, eu... eu... eu... eu só chamei a moça de morena... porque... porque... [procurando palavras] *eu não queria dizer outra coisa...*

A senhora pareceu incomodar-se ainda mais com esta última frase, e disse firme, agora incluindo-se, porém com um tom de voz não agressivo:

– Dizer o quê? Negra? Não vamos nos ofender, a nossa cor é negra [apontando para a própria pele]. *Pode nos chamar de negras.*

Em seguida, afastou-se.

Fui envolvido por uma onda de sentimentos que sinalizavam a polissemia contida na situação. O constrangimento do rapaz e a conseqüência social por ele recebida assustaram-me. Senti, simultaneamente, grande admiração pela postura afirmativa daquela senhora, e culpa, por lembrar-me de situações em que agi de forma semelhante à dele.

Era um incidente em que o preconceito estava sendo veiculado? Por quem? Pelo rapaz? Pela senhora? Por mim?

A expressão usada pelo rapaz revelava um preconceito seu, que procurava disfarçar pelo uso do eufemismo, ou um comportamento respeitoso para que a moça não se sentisse negativamente discriminada?

Aquela senhora procurou denunciar uma situação efetiva de preconceito racial ou foi uma oportunidade para expressar uma atitude afirmativa de valorização de suas próprias características etno-raciais?

A situação apontava a aparente dificuldade do rapaz em referir-se ao afro-descendente. Se a pessoa for chamada de "negra", como sugeriu a senhora, sentir-se-á valorizada ou ofendida? É consenso entre os afro-descendentes o uso da denominação "negro", ou é um termo usado somente na academia e em alguns movimentos negros? No caso de pessoas com tez mais clara, o uso do adjetivo "negro" é adequado? Há consenso entre a percepção de um observador em relação ao afro-descendente e a percepção que este tem de si mesmo quanto às suas características etno-raciais? É possível que uma pessoa se considere branca e seja vista por outra como negra?

O preconceito revela-se no dia-a-dia, nas situações mais simples. Em uma sociedade na qual, apesar da crença consolidada de viver-se no país da democracia racial, as pessoas desenvolvem um mundo simbólico em que as características fenotípicas acabam operando como referências para o preconceito. No caso do afro-descendente, esse processo torna-se dramático, pois o preconceito veiculado é muitas vezes encoberto por "frases educadas" e eufemismos, alimentando o mito brasileiro de estarmos vivendo em um paraíso de coexistência e de aceitação das singularidades, visão que *conserva* o problema, pois deixa de ser enfrentado de frente em função da idéia de ele não existir.

O outro, o diferente, representa ameaça, perigo. Ante a ameaça, as pessoas desenvolvem posturas defensivas e, dentre elas, o ataque e a fuga. Esta, por sua vez, pode configurar-se em abandono, superproteção ou negação. As formas de negação são os "inomináveis", que interferem geralmente de maneira inconsciente nas relações pessoais e são potentes disfarces de uma atitude fundamental – a rejeição (Amaral, 1988, 1992). É uma atitude com a qual nos deparamos sistematicamente nas relações pessoais – parece ser "politicamente correto" tratar o afro-descendente como "moreno", palavra fortemente enraizada na cultura brasileira. É um recurso simbólico de fuga de uma realidade em que a discriminação impera. Assim, os aspectos etno-raciais são escamoteados pela maioria das pessoas que procuram elementos de identificação em símbolos do grupo social e economicamente dominante.

As interações sociais são processos constitutivos das identidades pessoais. Dessa forma, situações como a relatada podem favorecer a introjeção de valores negativos em relação às pessoas afro-descendentes de uma forma tácita, não só por parte da pessoa que se coloca no "outro grupo", mas, o que é mais sério, pelo próprio afrodescendente em relação a si próprio. Esse processo tende a levá-lo a desenvolver uma identidade que inclui valores estigmatizados. Identidades assim constituídas conservam a incapacidade de alterar situações de discriminação por meio de atitudes afirmativas quanto às especificidades raciais.

Com aquela situação, percebi que me deparara com "o tema" de meu trabalho. A satisfação sentida ao presenciar um fato relevante relacionado à minha pesquisa mobilizou-me para o trajeto que me dispunha a percorrer e a me preocupar com sua relevância social e sua função transformadora.

Ali, pessoas estavam presentes, vivendo uma situação que, apesar da aparente simplicidade, revelava uma maneira de processarmos nossas relações. Assim, considero importante que o trabalho em ciência parta de situações existenciais que contenham o fenômeno a ser estudado e tenham tocado emocionalmente o pesquisador, de tal forma a não constituir-se em um estudo que simplesmente "use" o outro como fonte de dados para obtenção de créditos de um simples exercício acadêmico.

O grande incômodo que senti talvez estivesse revelando situações de minha história pessoal em que me utilizei de frases e atuações tentando encobrir racionalmente um preconceito também presente em mim. Tal aspecto já apontava a provável interferência que eu, o pesquisador, exerceria, principalmente por ter-me desenvolvido como pessoa em um subgrupo que vem exercendo discriminação racial sobre o afro-descendente. Porém, não há como fugir dos pré-julgamentos sobre nosso objeto de conhecimento. Escondê-los, estratégia comum em ciência, criaria uma neutralidade artificial, encobrindo a riqueza do processo hermenêutico.

Por meio do comportamento daquela senhora, pude observar a possibilidade do afro-descendente desenvolver atitudes de enfrentamento em situações em que se vê negativamente discriminado. Valores negativos, introjetados no processo de socialização, podem ser revisados e transformados, favorecendo-se, assim, a constituição de identidades afirmadas positivamente e de relacionamentos mais saudáveis.

Tendo tais questões como referência, este trabalho foi uma busca de compreensão da história, das idéias e da dinâmica de construção da identidade de João, um brasileiro afro-descendente, militante de vários movimentos voltados à cultura, à política e à religião.

Procurei contemplar diversos aspectos relevantes e de interesse social – o estudo da formação da identidade, a busca de fatores provocadores de mudanças psicológicas, os possíveis efeitos da militância na construção da subjetividade – e buscando sugerir caminhos de aplicação no contexto vivido por cerca de metade da população brasileira.

A partir destas observações, a proposta deste trabalho foi de, *através do relato da história de vida de um brasileiro afro-descendente, militante de movimentos organizados, identificar a forma de organização de sua experiência pessoal, as referências em torno das quais constrói sua identidade* e as *variáveis significativas relacionadas aos momentos de mudança* em sua vida.

Para isso, foi desenvolvida uma seqüência de passos, assinalados em suas sete partes.

No capítulo 1 – *O caminho do pesquisador* – descrevo o trajeto percorrido por mim para a compreensão da narrativa de João, outro participante da pesquisa. São discutidas algumas questões sobre epistemologia e metodologia científica. Creio ser um capítulo útil ao leitor interessado em aspectos metodológicos na elaboração de pesquisas qualitativas. Foi um trabalho baseado em uma constante conversação entre o pesquisador, o participante e um grupo de pesquisadores voltados para a temática racial, caracterizando o que denominei de "método dialógico".

Na seqüência, o capítulo 2 – *Os marcos iniciais* –, teórica, contém temas relacionados à problemática vivida pelo brasileiro afrodescendente, à formação da identidade e outros conceitos referentes importantes, como os de raça, etnia, discriminação e preconceito. Essa parte analisa algumas referências que me permitiram compreender as situações existenciais que fundamentaram a pesquisa. Para aqueles que não têm um interesse mais imediato na discussão dos aspectos metodológicos, a leitura pode iniciar por esse capítulo, sem haver perda de entendimento do conteúdo.

O capítulo 3 – *A psicologia e o afro-descendente* – contém uma análise de publicações sobre o afro-descendente na área de psicologia. Inicio com um levantamento de estudos na psicologia brasileira e, em seguida, algumas referências estrangeiras, que serviram de parâmetro para os capítulos seguintes.

No capítulo 4 – *O desenvolvimento da identidade* – é proposto um modelo que favorece a compreensão do processo de construção de uma identidade positivamente afirmada por parte do afro-descendente. Esse modelo serviu de guia para a análise da história de João.

O capítulo 5 – *O caminho de João* – contém o núcleo de todo o estudo. Nela João se apresenta, conta-nos as passagens mais importantes de sua vida, revela a dinâmica de construção de sua identidade, as experiências em que sofreu discriminação pelo fato de ser negro, os aspectos ligados às suas várias atividades como militante e faz comentários sobre aspectos sociológicos, históricos e políticos dos diversos movimentos negros.

É apresentada, no capítulo 6 – *Companheiros de jornada* –, uma discussão sobre aspectos de minha própria subjetividade e algumas transformações que sofri durante o percurso do trabalho, depois de ser "tocado" pela narrativa de João e pela participação no grupo de pesquisadores, meus interlocutores constantes. Contém, em seguida, o depoimento de João sobre o texto da pesquisa e sobre suas transformações pessoais decorrentes de sua leitura, caracterizando esse trabalho como um processo em que a compreensão sobre o afro-descendente foi sendo construída por meio de diálogos compartilhados.

Por fim, o capítulo 7 – *(In)conclusões* –, além de ressaltar as principais constatações delineadas pelo estudo, levanta propostas de estratégias facilitadoras do desenvolvimento de identidades afirmadas positivamente.

O CAMINHO DO PESQUISADOR

(Um mestre, cheio de idéias, que virou aprendiz – mostra a que veio e o caminho percorrido para conhecer João, seu companheiro de travessia)

Algumas referências epistemológicas

Tendo-se em conta que todo trabalho científico apóia-se nas concepções epistemológicas do pesquisador, sua explicitação torna-se fundamental para todo o percurso do trabalho ter sentido. Cabe aqui ressaltar algumas concepções das quais parti.

Desde o início, não tive a pretensão de alcançar conhecimentos "verdadeiros" e universais, pois não creio em tal possibilidade. Alinhado com a posição de Maturana (1995), considero a ciência uma atividade humana realizada pelos cientistas, vistos como observadores que explicam o que observam. Como tal, explicar é descrever a experiência pessoal de observar do cientista e explicitar os critérios por meio dos quais ele organiza os dados de observação.

> O observador como sistema vivo, pela sua constituição, não pode apresentar esclarecimentos ou alegações que desvendem ou conotem qualquer coisa que seja independente dos processos através dos quais ele profere suas explicações e alegações. (p. 165)

Neste sentido, a ciência constitui um *campo cognitivo*, não se ocupando com a verdade e a realidade em um sentido transcendental, mas buscando explicar "as experiências humanas no campo das experiências humanas" (p. 196).

Tais considerações sugerem a existência de um vínculo indissolúvel entre aquele que conhece e o objeto a ser conhecido. Certamente, a interferência de aspectos pessoais do pesquisador sobre sua forma de perceber o real é inevitável, não havendo a possibilidade de fazer-se uma assepsia em sua subjetividade, de maneira tal a desenvolver um sistema de representações verdadeiras.

Nos encontramos em plena crise de transformação de uma cultura (Lyotard, 1993), em que seus paradigmas reguladores estão sendo questionados (Kuhn, 1978; B. S. Santos, 1989; Prigogine e Stengers, 1984). Então, não cabe um trabalho que busque representações verdadeiras da realidade pois, no momento histórico presente, no qual o homem perdeu a segurança no paradigma que lhe vinha dando morada, o que está sendo questionada é a própria concepção de verdade.

Assim, a *verdade* é aqui considerada um *argumento* que exige a explicitação das condições de sua constituição e validação, a *natureza* deixa de ser vista como um campo autônomo de entidades independentes mas como algo que surge mediado pela linguagem, no campo de experiência de um observador, e o *conhecimento* enfocado como a construção de minha experiência, estruturada hermeneuticamente, a partir do fenômeno com o qual entrei em contato, e não uma simples representação ou "cópia" do real.

Quando afirmo construção, não quero sugerir que considero o conhecimento como uma simples ficção, dependente dos caprichos de um construtor. Quero ressaltar o fato de o conhecimento, o conhecedor e o objeto conhecido manterem entre si uma contínua interação e constituírem-se mutuamente. Tratando-se de ciências humanas, não se pode, a rigor, falar em "objeto" de conhecimento, em função de sua própria origem etimológica, *objectum*, significando "o que está perante nós" (Lalande, 1993, p. 753). O mundo humano não se dispõe diante de nós. Estamos, na verdade, nele imersos e a ele unidos antes de qualquer objetivação.[1]

Não concebo as linguagens, tanto teóricas como as cotidianas, como meros instrumentos representacionais de uma realidade. São, na verdade, estruturantes da própria experiência. Assim, o trabalho

---

[1] Ver, neste sentido, Merleau-Ponty (1945 [1994]), principalmente na sua segunda parte – "O mundo percebido".

de pesquisa deixa de ser um simples instrumento de observação, para, mais que isso, poder estar a serviço da manutenção ou transformação da realidade da qual ele parte e para a qual ele se volta, incluindo, portando, uma dimensão ética que não pode ser desconsiderada. Neste sentido, este trabalho tampouco pretendeu, através de seu método, "confirmar" conhecimentos que já possuía por outras vias, científicas ou não.

Sob tal ótica, as conclusões desenvolvidas aqui podem ser consideradas como somente algumas das possíveis concepções sobre a realidade com a qual entrei em contato. Minha intenção foi desenvolver uma sistematização de conhecimentos que viesse, não desvendar verdades, mas favorecer pessoas a se organizarem em seus mundos e a realizarem seus projetos pessoais com relativa segurança e eficácia.

A busca de uma trilha, comumente chamada de "método"

Tendo em vista as questões anteriores, tornou-se fundamental traçar um caminho, ou um método, que viesse favorecer o contato com o fenômeno estudado – a forma de organização da experiência pessoal de um brasileiro afro-descendente, as referências em torno das quais constrói sua identidade e as variáveis significativas relacionadas aos momentos de mudança em sua história pessoal, no contexto de uma cultura e de um momento histórico específicos.

A escolha de um caminho deve referenciar-se no tipo de problema a ser pesquisado, nos objetivos a direcioná-lo, além de alicerçar-se nos pressupostos epistemológicos do pesquisador.

Antes da decisão sobre o método de pesquisa, algumas questões foram consideradas.

Em função de minhas considerações anteriores, creio que desenvolver um método dirigido à busca de conhecimentos verdadeiros, sem a interferência da subjetividade do conhecedor, gerando convicções sobre um mundo supostamente caracterizado por uma solidez inquestionável, seria um contra-senso. Toda experiência de conhecimento envolve necessariamente o conhecedor de maneira pessoal e está enraizada na sua própria estrutura biológica

(Maturana e Varela, 1995). Conhecer não se identifica com um simples armazenamento, na memória, de informações sobre a realidade. Efetivamente, "o ato de conhecer produz um mundo" (p. 68) e, neste sentido, é um fenômeno em que o pesquisador está diretamente envolvido, tornando sem sentido a busca por certezas.

Além disso, como pontua Feyerabend (1989), ao se desenvolver um método favorecedor de uniformidade de opiniões incorre-se no risco de se alimentar um conformismo sombrio e teorias que, muitas vezes, transformam-se em ideologias rígidas. Assim, torna-se preferível a opção por metodologias que venham a estimular a diversidade de opiniões e contemplar a complexidade do fenômeno a ser conhecido, apesar de, nesse processo, termos de conviver com a dúvida.

É muito comum, em ciências humanas, a construção de estratégias que reduzem o fenômeno a ser estudado, processo geralmente justificado em função da complexidade do humano, o que, evidentemente, aumenta nossa sensação de segurança pela crença de podermos alcançar conhecimentos seguros, revelando nossa tentação à certeza. Morin (1995) faz uma crítica a tal procedimento.

Nas ciências de cunho objetivista, para as regularidades constituintes dos fenômenos serem alcançadas, foi necessário que as singularidades e as exceções fossem eliminadas de sua análise. Para isso, o método científico apoiou-se na idéia de redução da complexidade. *Conhecer* tornou-se significado de dividir, classificar o que foi separado para, então, serem traçadas relações sistemáticas entre os vários elementos identificados. Essa regra já se encontrava prefigurada no *Método*, de Descartes, e propunha "dividir cada uma das dificuldades... em tantas partes quantas possíveis e quantas necessárias forem para melhor resolvê-las" (Descartes, 1989 [1637], p. 44). Assim, a ciência moderna passou a conceber as leis da natureza como o reino da simplicidade e da regularidade, em que seriam possíveis a observação e a quantificação rigorosa, convertendo-se a quantificação na categoria privilegiada, em detrimento da qualidade intrínseca dos objetos de conhecimento. A matemática passou, então, a fornecer à ciência, não só o instrumento fundamental de análise, como também sua lógica de investigação, elegendo-se a pesquisa quantitativa como o procedimento mais adequado.

Nesse tipo de pesquisa, de teor empiricista, são perseguidas verdades transcendentais. Para isso são importantes os critérios de *validade*, isto é, o grau de correspondência entre a medida e o que está sendo medido e o de *fidedignidade*, referindo-se à possibilidade de replicação das medidas encontradas.

Entretanto, nas concepções contemporâneas sobre o processo de conhecimento, passa-se a contemplar o real como um fenômeno cultural, histórico e dinâmico, cuja complexidade não deve ser rompida, como um tecido que não pode ser esgarçado sem o risco de se perder sua identidade e, portanto, sem a possibilidade de ser conhecido.

Sob tal perspectiva, a pesquisa qualitativa passa a ser valorizada. Conforme Spink (1997), em função de ampla aceitação da processualidade dos fenômenos sociais, esse tipo de pesquisa é visto como uma situação na qual ocorrem *processos de produção de sentido*, em que pesquisador e participantes estão envolvidos e não, simplesmente, como uma situação na qual processos externos ao observador estejam sendo representados de uma forma verídica. Assim, em vez de se buscar validade e fidedignidade, deve-se enfatizar a *especificidade* da situação de pesquisa, isto é, a descrição detalhada e rigorosa do contexto de sua realização, do caminho percorrido pelo pesquisador e de como procedeu em sua interpretação, permitindo uma visão caleidoscópica do fenômeno estudado. Além disso, tornam-se também importantes, além da explicitação dos critérios envolvidos na escolha dos participantes (pois eles deixam de ser vistos como simples sujeitos a fazerem parte de amostras representativas de uma população), a explicitação de aspectos do pesquisador, ou seja, de como suas características, seus interesses e valores pessoais incidem sobre o delineamento da pesquisa e sobre suas interpretações.

Uma pesquisa que contemple tais critérios permite a articulação do trabalho científico, tanto com as necessidades dos participantes e do pesquisador quanto com a sociedade à qual eles pertencem. Deixa de ser a busca de correspondência entre fato e representação, o que, em uma concepção objetivista, é o critério fundamental para se validar o conhecimento e passa-se, em uma visão mais pragmática, a contemplar o quanto o conhecimento desenvolvido pode vir a trazer maior compreensão e benefícios para o ser humano, tanto em termos individuais quanto sociais.

Tais preocupações alinham-se com as propostas de B. S. Santos (1989, 1996) em relação a uma ciência voltada às necessidades contemporâneas. Para ele é fundamental a superação das rupturas realizadas pelas ciências modernas – entre o conhecimento científico e o conhecimento do senso comum, entre as ciências naturais e as ciências humanas, entre sujeito e objeto. O conhecimento tecnológico, desenvolvido a partir do discurso das ciências, deve transformar-se em sabedoria de vida, discurso do senso comum. Propõe um modelo de aplicação do conhecimento científico, que denomina *aplicação edificante* e, dentre algumas de suas características, ressalto as seguintes: (1) os conhecimentos científicos devem voltar-se para uma situação concreta na qual "quem aplica está existencial, ética e socialmente comprometido com o impacto da aplicação" (p. 158); (2) os trabalhos científicos devem procurar novas alternativas de realidade e, para isso, deslegitimam formas institucionalizadas, pois estas tendem a promover violência em vez de argumentação, silenciamento em vez de comunicação, estranhamento em vez de solidariedade; (3) é privilegiado o desenvolvimento de um *know-how ético* sobre o conhecimento técnico e este será o critério preferencial para as agências financiarem os trabalhos científicos; (4) a aplicação dos conhecimentos tem de ser contextualizada tanto pelos meios como pelos fins, daí decorrendo dever o cientista falar como cientista e cidadão, simultaneamente, no mesmo discurso.

Em função de tais pressupostos, procurei desenvolver um estudo que efetivamente viesse contemplar a complexidade da condição humana, em que sujeito, objeto e conhecimento fossem assumidos como construções participantes de uma tríade, articulados em um processo constante de retroalimentação, determinando-se mutuamente e no qual a meta voltada para a melhoria da situação humana concreta fosse o critério fundamental de validade da pesquisa.

Decidi pela realização de uma pesquisa qualitativa em função da adequabilidade desse tipo de abordagem do problema estudado e não por uma ideologia apriorística minha, e procurei, para o delineamento do caminho seguido neste trabalho, ater-me aos seguintes procedimentos:

a) sistematicamente, contextualizar historicamente, no texto, tanto minhas concepções quanto o conteúdo desenvolvido pelo participante, mantendo sempre a preocupação com os possíveis efeitos de meu discurso, tanto no nível acadêmico quanto social;

b) descrever meu interesse inicial, explicitar meus valores em relação ao tema de pesquisa, a forma como "entrei" e a maneira como "saí transformado" do empreendimento de pesquisar;

c) legitimar, através do próprio participante, a transcrição e a edição do relato desenvolvido por ele, assim como o trabalho na sua totalidade, enviando o material para que o lesse, complementasse e esclarecesse as partes ininteligíveis, confirmando se ele reconhecia a si mesmo no texto e sugerisse alterações;

d) participar de reuniões sistemáticas em um grupo de pesquisadores, com formações diversas da minha, no qual meu trabalho pudesse ser discutido sob diferentes óticas em sua várias fases. Se assumo não haver possibilidade de termos critérios universais de verdade, então, a conversação com interlocutores ligados à temática de meu trabalho pode levar ao desenvolvimento de "verdades consensuais", como analisei em outro trabalho (Ferreira e Elias, 1998). Tal processo permitiu que meu discurso viesse a ter maior legitimidade e maior universalidade.

Procurando uma coerência com essa proposta, utilizei-me da fenomenologia hermenêutica como referência para a construção de um caminho de pesquisa ou, se preferirem, meu instrumento metodológico, aqui visto como um método discursivo e não definidor de essências, um caminho favorecedor do desenvolvimento de uma compreensão dos sistemas de representação do sujeito, revelado na sua narrativa pessoal.

Há um certo risco no uso do termo "metodológico", pois pode sugerir uma seqüência de passos estanques, previamente definidos, o que pretendi evitar neste caso. O caminho hermenêutico é sempre um mover-se dentro de um círculo, em que se parte do todo, isto é, a globalidade do texto a ser compreendido, e se faz um constante retorno deste todo às partes, em que se pode ter uma apreensão analítica, e vice-versa (Gadamer, 1993). "Este círculo está sempre se ampliando, já que o conceito do todo é relativo, e a integração de cada coisa em nexos cada vez maiores afeta também a sua compreensão" (p. 245), caracterizando o seu caráter inconcluso. Este aspecto circular não tem um sentido "metodológico", e, sim, descreve "um momento estrutural ontológico da compreensão" (p. 363).

Para isso parti do próprio fenômeno como referência fundamental para o direcionamento de todo o trabalho. Parti daquilo que verdadeiramente pude experienciar em oposição àquilo que não seria mais do que uma simples construção de conceitos. Neste sentido, não procurei estudar o preconceito racial, a "negritude" ou a "africanidade", mas, sim, a experiência de vida de uma pessoa negra inserida em uma cultura "branca" e, em um segundo momento, desenvolvi algumas chaves de entendimento desse processo, articulando com chaves de compreensão fornecidas pelas ciências humanas.

Para alcançar tal objetivo descrevo, em seguida, o caminho metodológico que trilhei.

Um companheiro de viagem, muitas vezes denominado "sujeito"

Todo o estudo foi desenvolvido sobre o relato da história de vida de João, um brasileiro afro-descendente. Geralmente, nos trabalhos científicos, a pessoa que fornece conteúdos de sua vida como parâmetros para a compreensão de uma realidade mais ampla é considerado como "o sujeito". Entretanto, torna-se difícil assumir o participante de uma pesquisa deste tipo como um "sujeito"[2], aquele que se submete ao processo de ser conhecido, expressão tradicionalmente usada nas pesquisas. Como minha proposta foi a de deixar-me levar pelo fenômeno, poder-se-ia dizer que quem efetivamente

---

[2] Do latim *subjectu* (posto debaixo), que se sujeita, submetido.

se submeteu foi o pesquisador. Para este, o nome "sujeito" seria mais adequado. Por isso utilizo para João o termo "participante" da pesquisa, pois reflete o *status* que teve efetivamente durante o transcorrer do trabalho.

João, 38 anos, brasileiro, afro-descendente, tez negra, de constituição forte, cabelos curtos e aparados, foi a pessoa entrevistada, cuja narrativa fundamenta todo o trabalho. Tem origem humilde, uma condição social simples, luta com dificuldades para manter uma vida digna para si e sua família. É casado, sua esposa estava grávida no dia da entrevista. Hoje, João é pai de uma menina. Mora com a esposa e a filha. Grau de instrução superior, atualmente fazendo pós-graduação em uma universidade pública. Participa de vários movimentos e grupos ligados a questões voltadas à valorização das matrizes africanas, como o Candomblé, o afoxé, a capoeira, a escola de samba e grupos políticos. Demonstrou-se bastante interessado e colaborador na entrevista, com postura firme, fluência verbal e gramatical excelente. Em alguns momentos emocionou-se bastante ao relatar experiências pessoais e, em outros, foi bastante professoral, principalmente ao relatar especificidades do movimento negro e dos grupos que integra. Sua entrevista foi uma verdadeira aula de antropologia, sociologia, história e psicologia, demonstrando grande conhecimento acerca da problemática dos afro-descendentes brasileiros.

O contato com João deu-se através de encontros no grupo de pesquisadores do qual participo, em que eram discutidos trabalhos e projetos voltados à população afro-descendente. João chamou-me a atenção pela fluência, conhecimento e postura crítica ao fazer suas intervenções no grupo de discussão e seu discurso era todo voltado para a área em que procurava desenvolver a pesquisa que serviu de base para este trabalho. Acreditei que sua experiência como militante e como pesquisador permitiriam que eu atingisse uma visão mais abrangente sobre o tema que me dispunha a conhecer. Assim, logo senti poder ser ele o meu interlocutor a favorecer a construção de um trabalho efetivamente relevante.

Entrei em contato pessoalmente com João e propus sua participação no meu projeto, apresentando-lhe meu interesse em estudar a população negra, tendo em vista estarmos submetidos a um discurso oficial de, no Brasil, viver-se em uma "democracia racial". Ele, com muito entusiasmo, aceitou a proposta.

Conversamos sobre o fato de eu, uma pessoa de tez branca, estar interessado nesse tipo de tema. Ele afirmou que a problemática do afro-descendente é um problema de todos e enfatizou a importância da visão de uma pessoa "de fora", pois esta poderia manter certo afastamento reflexivo, o que, muitas vezes, quem está mergulhado no problema não consegue ter. Eu tinha a grande preocupação de não estar me apoderando do problema do afro-descendente para autopromoção acadêmica, o que, conforme seu discurso, é muito comum no meio universitário. Como tinha ouvido minhas intervenções no grupo, ele não via em mim tal atitude. Assim, nosso encontro foi reassegurado.

Após cerca de alguns meses dessa conversa, marcamos, por telefone, a entrevista.

O percurso, geralmente conhecido por "procedimento"

O percurso que desenvolvi constou de uma sucessão de passos, porém nem todos definidos *a priori*. Foram sendo construídos à medida que a pesquisa ia sendo realizada, os quais descrevo a seguir.

Entrevista com João

Foi realizada uma entrevista aberta com João, gravada para posterior análise. Deu-se em sua sala, no seu lugar de trabalho. Após alguns minutos de conversa informal, iniciamos a entrevista, com duração de, aproximadamente, duas horas. A situação da entrevista foi informal, sala confortável, com certa privacidade, por umas duas vezes interrompida por telefonemas, provocando a suspensão temporária da narrativa.

Antes da entrevista, informei a João que gostaria de conhecer sua história de vida. Enfatizei que buscaria manter o anonimato das informações e que o conteúdo de meu trabalho lhe seria apresentado para que o legitimasse.

No final, informei que pretendia usar um nome fictício, João, e perguntei se ele gostava. Ele demonstrou satisfação com a escolha.

Em função do teor de alguns dados públicos revelados por ele e que acabara de ouvir, disse haver risco de algumas pessoas, principalmente companheiros seus de militância, poderem vir a identificá-lo. Sugeri que, se omitisse alguns nomes de instituições, de alguns grupos do Movimento Negro e desse informações genéricas em relação a outros, esse risco poderia ser eliminado. João, entretanto, disse não se importar em ser identificado e preferia que eu não alterasse as informações dadas por ele.

Na entrevista, a única solicitação feita por mim foi a seguinte questão aberta:

"Gostaria que você se apresentasse e me dissesse quem é você, contasse a sua história de vida, ressaltando fatos que você considera marcantes".

As outras interferências foram no sentido de favorecer João a aprofundar certas partes de sua narrativa ou para solicitar sua descrição sobre outros temas ainda não abordados e que faziam parte de um roteiro meu, não conhecido por ele.

Transcrição da entrevista

Foi feita transcrição literal da entrevista gravada, em um texto que, em seguida, foi editado.

É importante ressaltar ter sido a transcrição feita por mim, o pesquisador. É freqüente esse tipo de atividade ser designada a auxiliares de pesquisa. Entretanto, em um trabalho em que pretendi deixar-me dirigir pela fala de João e realizar um trabalho hermenêutico, a transcrição da entrevista é uma oportunidade ímpar de ir "mergulhando" na globalidade do discurso do participante e obter um sentido do todo, contexto para entender as particularidades da narrativa.

Edição da entrevista

A entrevista original foi editada principalmente quanto à forma, visando facilitar a compreensão do leitor e a própria análise posterior.

Foram retiradas repetições irrelevantes para o entendimento da narrativa de João, transformadas frases que, em um discurso oral, são acompanhadas de expressões corporais e ênfases particulares, que deixam os significados compreensíveis mas, ao serem transformados literalmente em um texto escrito, perdem sua clareza. Entretanto, o conteúdo integral foi mantido.

Legitimação da entrevista

A entrevista editada foi enviada a João para que a lesse, afirmasse se reconhecia a si mesmo no texto, após as alterações por mim introduzidas em sua edição, fizesse complementações julgadas relevantes, esclarecesse pontos ainda obscuros e legitimasse seu conteúdo.

Após João ter retornado, por escrito, suas observações sobre o texto, conversamos por telefone, para esclarecermos os últimos detalhes e legitimarmos a edição final.

Identificação de unidades significativas

Para organizar os dados da narrativa de João, para a análise posterior, o texto da entrevista editada foi subdividido em trechos que mantinham um conteúdo uniforme e relacionados com as categorias que serviram de roteiro para a entrevista. Esse processo foi implementado para facilitar a organização futura dos dados e a criação de diagramas descritivos da estrutura do discurso de João.

Outros trechos foram sinalizados com notas de rodapé, ou seja, partes da entrevista que seriam explicitadas com mais detalhes ou seriam incorporadas ao texto da análise posterior. Por exemplo: a descrição de aspectos históricos de personalidades pontuadas por João, como Gilberto Freyre, Martin Luther King, Nina Rodrigues; o aprofundamento acerca de determinados movimentos culturais, como o movimento *Hip-Hop*, escola de samba, capoeira, dentre outros; algumas situações históricas, como o Estado Novo e o Integralismo.

A partir de tal procedimento, procurei organizar a estrutura de toda a narrativa de João.

Construção de diagramas descritivos

Auxiliado pelo procedimento anterior, construi diagramas descritivos que sintetizavam as informações da narrativa de João e vieram a permitir a visualização da globalidade de toda a entrevista de maneira clara, favorecendo a análise posterior.[3]

O leitor pode ver um exemplo de diagrama na seqüência abaixo.

O diagrama que sintetiza a maneira como João se apresentou a mim está descrito na Figura 1 e serviu de roteiro para a análise apresentada no primeiro item do capítulo 5.

Figura 1 – "João se apresenta"

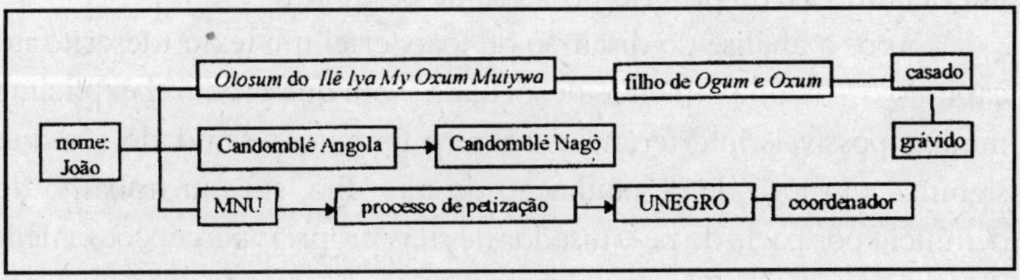

Análise do discurso de João

A partir dos diagramas construídos, passei a analisar a narrativa de João, articulando seu discurso com chaves de compreensão das ciências humanas, como psicologia, sociologia, educação, história. É, na verdade, uma reconstrução do discurso de João a partir da desconstrução do relato de sua história de vida. Esse texto foi desenvolvido no capítulo 5 – "O caminho de João".

Nessa fase, a linguagem coloquial e específica do universo cultural do participante foi "traduzida" em uma linguagem voltada a um leitor de ciências humanas. Sabe-se não haver uma linguagem psicológica consensual estabelecida, pois esta é geralmente determinada pelos diversos sistemas teóricos da psicologia. Uma alter-

[3] Tal técnica foi discutida por Spink (1994).

nativa viável foi o uso do português formal, em uma linguagem descritiva, geralmente utilizado em estudos de vertente fenomenológica.

Participação em grupo de interlocutores

Este trabalho, durante toda a sua construção, foi discutido em um grupo de pesquisadores (GEAAC). Tal procedimento permitiu-me ter uma visão transdisciplinar sobre o fenômeno que estudei e que meu discurso teórico fosse legitimado por pessoas que transitam na mesma área de interesse.

Avaliação do pesquisador

Analisei a participação e as transformações sofridas por mim, o pesquisador, em razão de meu contato com João, com o grupo de interlocutores e do próprio processo de pesquisar.

Após a análise do discurso de João, criei um texto (descrito no capítulo 5 – "Companheiros de jornada") em que procurei explicitar minhas possíveis interferências sobre o fenômeno estudado – o que significa um jogo de desocultação do não-dito, em um trabalho de denúncia por parte do pesquisador de suas próprias percepções. Além disso, procurei enfatizar as mudanças pessoais que sofri em função de viver este trabalho, tanto em grupo, como no processo de pesquisar, como eu "entrei" e como "saí" depois desta caminhada, um estudo construído como um "diálogo" entre diversos participantes e companheiros de viagem.

Avaliação de João

Após uma primeira configuração global do trabalho, já no seu final, entreguei o texto a João para que o lesse e apontasse os trechos de meu discurso em que se reconhecia ou não. Além disso, solicitei que ressaltasse aspectos que tivesse considerado mal compreendidos acerca de aspectos teóricos e pessoais de sua narrativa. Fiz, em seguida, a análise da avaliação feita por João sobre sua participação na pesquisa e sobre a leitura do texto do trabalho.

Tivemos, em seguida, um encontro para discutirmos suas observações e para chegarmos a um texto final em que ambas as visões estivessem articuladas. Essa conversa, está descrita também no capítulo 5.

Tal procedimento buscou legitimar minhas interpretações sobre os aspectos pessoais da vida de João e, creio, caracterizou meu trabalho como fruto de diálogos compartilhados entre vários participantes, sendo eu, o pesquisador, um sistematizador de conhecimentos construídos por intermédio de diferentes vozes.

OS MARCOS INICIAIS

(O início da jornada, quando são levantados alguns dados acerca da problemática dos brasileiros afro-descendentes, algumas referências acerca de identidade e alguns conceitos usados no trabalho)

Os afro-descendentes no Brasil

Em vários países, como no Brasil, constatamos uma expressiva presença demográfica de afro-descendentes. Conforme o último censo, na população brasileira, a porcentagem de pessoas de origem africana gira em torno de 44,3%. Entretanto, como o brasileiro está submetido a uma "ideologia do branqueamento", muitas das pessoas cuja constituição contém traços constitucionais do negro, ao responderem os quesitos do recenseamento, negam tais características, vindo a determinar uma estatística que não reflete, de fato, o perfil etno-racial do brasileiro. Isto nos permite supor ser o índice bem superior ao indicado. Assim, uma das grandes ironias nacionais é o fato de os afro-descendentes serem discriminados como uma "minoria" quando, na verdade, constituem um grupo cujo número atinge quase ou mais da metade da população brasileira.

O Brasil, em relação às outras nações americanas, foi o país a escravizar o maior número de africanos e foi o último país do mundo cristão a abolir a escravidão, em 1888. Apesar desses dados, entre 1900 e 1950, o Brasil cultivou, com sucesso, uma imagem de si mesmo como a primeira "democracia racial" do mundo, sendo a convivência entre brancos e negros descrita como harmoniosa e igualitária. Essa concepção, tornada discurso oficial, é, na verdade, um mito, hoje questionado pelos brasileiros.

O Brasil difere de outros lugares, como o Sul dos Estados Unidos e a África do Sul, onde a discriminação foi prescrita por lei. O fato de, nesses países, a segregação racial ter sido explícita e institucionalizada, favoreceu uma grande mobilização de pessoas contra ela, levando o afro-descendente a entrar em contato com seus valores africanos, a desenvolver um sentido de grupo e a lutar contra tal condição. No Brasil, entretanto, o mito da democracia racial encobre o preconceito e torna muito mais difícil o combate efetivo da injustiça para com indivíduos e grupos etno-raciais diversos do branco-europeu. Assim, a discriminação opera no nível dos indivíduos de maneira inconsciente e nem sempre identificável como tal.

Os valores ancestrais africanos, incluídos no processo de desenvolvimento dos países que receberam povos vindos da África, passaram a participar de sua constituição sociocultural. A cultura negra nas Américas foi determinante na cosmovisão desenvolvida nesses países a partir de três grandes fenômenos: a vinda dos europeus, o genocídio das populações indo-americanas e a escravização de populações africanas. O imaginário coletivo desenvolvido em países formados por uma pluralidade de grupos étnicos, como é o caso do Brasil, é compartilhado, evidentemente, por todos os integrantes da sociedade. O desenvolvimento da identidade do brasileiro está absolutamente condicionado à participação dos africanos na vida brasileira e sua sabedoria está presente nas manifestações culturais, nos gestos e nas relações. Assim, os valores africanos, preservados ao longo da sucessão de gerações, mostram-se tacitamente ativos e constituintes do processo de formação da cidadania (Ribeiro, 1996).

O homem de origem africana e seus valores foram sistematicamente associados a qualidades negativas pelo europeu, já antes mesmo do "descobrimento" do Brasil e do processo de colonização. Deve-se ter em mente que em torno de meados do século XIV a grande agência legitimadora de valores e práticas humanas foi a Igreja. Esta, ainda com os olhos postos na África, procurou regulamentar a ação dos cruzados e colonizadores. É muito esclarecedora a bula *Romanus Pontifex*, de 8 de janeiro de 1454, do papa Nicolau V, a esse respeito:

> Não sem grande alegria chegou ao nosso conhecimento que nosso dileto filho infante d. Henrique, incendido no ardor da fé e zelo da salvação das almas, se esforça por fazer conhecer e venerar em todo o orbe o nome gloriosíssimo de Deus, reduzindo à sua fé não só os sarracenos, inimigos dela, como também quaisquer outros infiéis. Guinéus e negros tomados pela força, outros legitimamente adquiridos foram trazidos ao reino, o que esperamos progrida até a conversão do povo ou ao menos de muitos mais. Por isso nós, tudo pensando com devida ponderação, concedemos ao dito rei Afonso a plena e livre faculdade, entre outras, de invadir, conquistar, subjugar a quaisquer sarracenos e pagãos, inimigos de Cristo, sua terra e bens, a todos reduzir à servidão e tudo praticar em utilidade própria e dos seus descendentes. Tudo declaramos pertencer de direito in perpetuum aos mesmos d. Afonso e seus sucessores, e ao infante. Se alguém, indivíduo ou coletividade, infringir essas determinações, seja excomungado [...]. (em Ribeiro, D., 1995, pp. 39-40)

O processo de negação da importância dos elementos da cosmovisão africana determina aos afro-descendentes uma desvalorização pessoal e desenvolve a "perspectiva do direito de dominar para os grupos humanos que se consideram mais adiantados que outros" (d'Adesky, 1996, p. 91) e, em decorrência, mecanismos de exclusão da população afro-descendente por parte do grupo considerado hegemônico. Como nos aponta Souza (1991), a identidade da pessoa negra traz do passado a negação da tradição africana, a condição de escravo e o estigma de ser um objeto de uso como instrumento de trabalho. O afro-descendente enfrenta, no presente, a constante discriminação racial, de forma aberta ou encoberta e, mesmo sob tais circunstâncias, tem a tarefa de construir um futuro promissor.

A cor de pele e as características fenotípicas acabam operando como referências que associam de forma inseparável raça e condição social, o que leva ao afro-descendente a introjeção de um julgamento de inferioridade, não somente quanto ao aspecto racial, mas também em relação às condições socioeconômicas, implicando o favorecimento de uma concentração racial de renda, de prestígio social e de poder por parte do grupo dominante (Souza, 1991). Entretanto, como há a negação do preconceito racial por parte deste mesmo grupo, essa atitude tende a manter o conceito de serem as misérias inerentes ao destino humano do negro. Dois mecanismos decorrentes dessa negação podem ser historicamente observados – desde o extermínio dos afro-descendentes, como na época do Brasil Colônia, até um mecanismo de "branqueamento". A elite brasileira auto-identifica-se como *branca*. Assume as características do branco-europeu como representativas de sua superioridade étnica. Em contrapartida, o negro é visto como o tipo étnico e culturalmente inferior. Entre essa dicotomia estabeleceu-se uma escala de valores, aqui chamada de *gradiente étnico*, de tal maneira que a pessoa cujas características a aproximam do tipo branco tende a ser mais valorizada, e aquela cujas características são próximas do tipo negro tende a ser desvalorizada e socialmente repelida. Assim, no Brasil, criou-se historicamente a crença de ser a miscigenação um processo pelo qual o afro-descendente tornar-se-ia mais respeitado e teria mais possibilidades de ascender na escala social. A "ideologia do branqueamento" reflete-se, entre outros exemplos, nas narrativas populares que incluem referências à necessidade de "limpar o sangue", por meio de sucessivos casamentos entre negros e brancos. A miscigenação tem servido de argumento para se afirmar o quanto o brasileiro "aceita" a convivência de raças, isto é, o quanto "não há preconceito no Brasil". Como conclui Souza:

> A questão racial está, portanto, manipulada de forma a conservar os segmentos e grupos dominados dentro de uma estrutura já estabelecida e assim se confunde o plano miscigenatório, biológico, com o social e econômico. As oportunidades de trabalho e ascensão social não são idênticas para negros e brancos, mas joga-se sobre o negro a culpa de sua inferioridade social, econômica e cultural. (1991, p. 38)

Observa-se, ao mesmo tempo, um mecanismo de constante retroalimentação, denominado por Hélio Santos (1994) *trilha do círculo vicioso*, por grande parte de agências de muita importância no processo de socialização e formação de cidadania, como o ensino e a mídia, no sentido de alimentar o preconceito de cor e diminuir, ou mesmo negar a importância da presença da cultura africana em nosso país. Na mídia, o segmento negro tem sido representado por uma imagem estereotipada, na qual os afro-descendentes são mostrados freqüentemente em uma posição subalterna em relação ao branco, como uma minoria desprezada e sem qualidades estéticas (Lima, 1991). A escola, às vezes de forma velada e, às vezes, de maneira explícita, torna-se um espaço no qual essas concepções se perpetuam graças a distorções da realidade histórica, omissão de fatos, reprodução de inverdades, sempre no sentido de mostrar os povos africanos como "tribos" estáticas no tempo, alheias ao conhecimento científico e ao progresso humano (Nascimento, 1991). É esclarecedor, neste sentido, o trabalho de Gusmão (1990), ao mostrar como a escola propaga aspectos legitimadores da dominação branca e de destruição de uma consciência negra, negando o direito à diferença e, o que é mais grave, como as crianças, tanto brancas quanto negras, já têm estes aspectos internalizados.

Assim, a sociedade brasileira cria mecanismos desfavoráveis ao desenvolvimento de uma identidade articulada em torno de valores positivamente afirmados, não somente para os afro-descendentes, mas para todo e qualquer cidadão, aí incluindo os brancos e indígenas pois, na verdade, trata-se de um problema de constituição da identidade do brasileiro.

Identidade: processo em construção

A existência do homem pode ser vista como uma contínua tentativa de "instalar-se" de maneira segura em seu mundo e, simultaneamente, articular-se com suas constantes transformações. Ele tem de buscar uma ordem significativa entre suas experiências de vida para este processo se dar. Quando afirmo "buscar uma ordem significativa" refiro-me ao fato de cada indivíduo desenvolver um conhecimento hermeneuticamente construído, isto é, um mundo simbólico, com o qual organiza sua experiência pessoal por meio de *construções* sobre o real em que são articuladas suas referências de mundo e de si mesmo – seus conceitos, crenças, idéias, atribuições sobre si e sobre seu ambiente físico e social. Esse processo permite ao indivíduo identificar os objetos em sua especificidade, reconhecer a si mesmo e aos outros como indivíduos e organizar suas ações em seu contexto de vida. Em outras palavras, é como se o homem construísse "teorias pessoais" ou "mapas" sobre seu espaço físico, social e sobre si mesmo, passando tais "teorias" a de lhe servirem de "guias" de referência para que possa localizar-se em sua existência e relacionar-se dentro de seu grupo social de maneira relativamente segura, vindo a favorecer a realização de seus projetos de vida, no âmbito individual e coletivo.

Tanto o indivíduo quanto suas concepções de realidade são constituídos nas relações interpessoais. Essas inter-relações são mediadas por crenças, padrões, práticas e normas de toda uma sociedade e esta, por sua vez, em parte, é constituída por esse mesmo indivíduo dela participante, em um processo contínuo e dinâmico de mútua construção, cuja direção não é casual, mas determinada pelo somatório das ações políticas de todos os indivíduos que a constituem. Ainda, a sociedade e seus participantes encontram-se inseridos em uma cultura maior, desenvolvida historicamente. Assim, em seu conjunto, os indivíduos, em função de suas concepções de realidade, desenvolvem uma sociedade e cultura específicas nas quais se inserem, sendo, concomitantemente, seu mundo simbólico por elas constituído, formando uma estrutura orgânica na qual todo e partes influenciam-se mutuamente, submetidos a um duplo movimento – o de manter uma certa estabilidade ao longo do tempo e o de prover transformações na própria estrutura.

Estou querendo enfatizar o fato de as concepções de realidade, constituintes do mundo simbólico pessoal, serem desenvolvidas socialmente, através de um processo dialético no qual o indivíduo é co-produtor tanto da sociedade como de si próprio, já ampla e consistentemente discutido, dentre outros, por Berger e Luckmann (1972).

É um processo às vezes difícil de ser compreendido. Associo a ele algumas imagens – o viver como um tipo especial de "peça de teatro": uma grande peça, o drama da vida, desenvolvida em torno de um texto sempre inconcluso, um processo em que texto, desempenho, metas são construídos simultaneamente ao viver, ao mesmo tempo em que o personagem também se constrói. Não há possibilidade de ensaio. É um trajeto com avanços, recuos e pequenas experimentações. Atua-se, constrói-se o personagem, monta-se o enredo, dá-se direção. São todos processos simultâneos, mantendo-se sempre o final em aberto para o drama continuar. Isto me lembra uma frase de Guimarães Rosa – "o real não está na saída nem na chegada: ele se dispõe para a gente é no meio da travessia". Quando se atravessa um rio a nado só é possível dispor-se a chegar à outra margem. A trajetória só pode ser determinada de dentro, no meio da travessia. Ao entrar-se em contato com a correnteza, com as pedras do leito, com as dificuldades em manter-se o equilíbrio e a direção voltada para a margem contrária é que a trajetória, certamente não linear como nossas abstrações podem sugerir, poderá ser efetivamente determinada.

Tais imagens remetem-me à idéia do homem estar em um constante constituir-se, construção esta que volta-se a uma meta, também simultaneamente em constante construção, inserido em uma comunidade, também determinada por ele, alicerçada em uma sociedade mais ampla, contendo outras comunidades, muitas vezes com objetivos conflitantes, voltada a propósitos também em constante construção. Em suma, um grande sistema de indivíduos autoconstituindo-se – uma peça coletiva, com um texto em construção, atores em um constante "laboratório", representando para um público que são eles mesmos, voltada a um horizonte, sem fixar-se em uma direção, pois a correnteza vivida é a determinante das regulagens graduais decorrentes da própria travessia.

Nesse processo, a experiência psicológica encerra um caráter de construção permanente, em que as especificidades das experiências pessoais determinam a maneira como o indivíduo constrói suas referências de mundo, incluindo aquelas através das quais ele pode reconhecer-se como um determinado indivíduo – sua *identidade*. São referências em torno das quais ele organiza a si mesmo e sua relação com o mundo, coletivamente compartilhadas, tanto no nível consciente quanto inconsciente. Assim, a construção da experiência do indivíduo desenvolve-se através de estruturas de significado operando sempre como um conjunto organizado, como um sistema de constructos (Alvarez, 1992), e a identidade é um de seus constructos centrais e o determinante para constituição e manutenção da integridade do próprio sistema.

Assim, falar de identidade é falar de atores sociais voltados à construção de uma trama dramática, podendo esta configurar-se em uma peça *trash* ou em um belo drama.

Importante ressaltar que identidade não é vista, aqui, como uma categoria a expressar uma estrutura pessoal fixa, mantendo-se a mesma no tempo, como muitas teorias podem sugerir. É um constructo que reflete um processo em constante transformação, cujas mudanças vêm sempre associadas a mudanças de referências e a novas construções de realidade por parte dos indivíduos, determinadas por sua participação em certos processos provocadores de impacto existencial. É o que vemos ocorrer, por exemplo, no engajamento em um grupo religioso, como evidenciado por mim em trabalho anterior (Ferreira, 1996), em um processo de psicoterapia (Mahoney, 1991) ou graças à participação em um grupo de militância voltado para as questões raciais (Souza, 1991). Entretanto, as pessoas sofrem mudanças ao longo da vida, mesmo não estando engajadas em movimentos organizados como estes.

É esclarecedor o trabalho de Ciampa (1987) que, ao descrever a história de vida de Severina, uma brasileira, pontua várias situações que vieram a provocar mudanças na sua construção de realidade e em sua maneira de se identificar. Ele considera a identidade não simplesmente como uma representação da pessoa, como uma formulação de um centro estático e, sim, concebida como um processo de metamorfose que "representa a pessoa e a engendra" (p. 243). Este último aspecto é de extrema importância para entender as questões apontadas sobre a formação da identidade do afro-descendente. A identidade não se reduz somente a uma representação do indivíduo a distingui-lo de outros e, ao mesmo tempo, indicando uma semelhança sua em relação a determinado grupo de referência, porém, mais do que isso – e o que é decisivo para o desenvolvimento da identidade do afro-descendente em uma comunidade hegemônica de valores "brancos" – *a identidade é uma referência em torno da qual a pessoa se constitui.* Adicionando-se a visão de Gadamer (1993), para o qual a cultura é o meio universal da experiência, significando ser o indivíduo por ela constituído, pode-se assumir serem as qualidades "negritude" e "africanidade" aspectos constitutivos e essenciais das construções simbólicas do homem brasileiro, incluindo sua identidade, independente de seu aspecto físico. A visão deformada de tais qualidades, criada pelo europeu colonizador, que veio legitimar historicamente a dominação e o genocídio, direto ou indireto, dos indivíduos considerados "diferentes", não-brancos, determina dificuldades para o desenvolvimento da identidade dos brasileiros afro-descendentes, além de efeitos nocivos nos relacionamentos pessoais, por terem suas construções simbólicas articuladas em torno de referências de identidade associadas a inferioridade e a outros valores vistos socialmente como negativos.

Assim, a categoria identidade, neste trabalho, é enfocada como uma categoria científica, preocupação do campo da psicologia, e como uma categoria, além de pessoal, fundamentalmente social e política. É aqui considerada como uma referência em torno da qual o indivíduo se auto-reconhece e se constitui, estando em constante transformação e construída a partir de sua relação com o outro. Não é uma referência que configura exclusivamente uma unidade, mas, simultaneamente, unidade e multiplicidade, e, como sugere Coelho Jr. (1996), ela seria mais bem compreendida se considerada como uma "identidade em crise". Portanto, não uma simples representação do indivíduo, mas qualidade submetida a uma tensão ou, usando a concepção de Merleau-Ponty (1971), a "uma dialética sem síntese". Talvez fosse mais correto denominá-la *dinâmica de identificação*, sempre submetida à dinâmica do processo de viver. Esta expressão aproxima-se do que entendo por identidade neste trabalho – um processo dinâmico em torno do qual o indivíduo se referencia, constrói a si e a seu mundo e desenvolve um sentido de *autoria*.

Assim, identidade tem relação com *individualidade* – referência em torno da qual o indivíduo se constrói; com *concretude* – não uma abstração ou mera representação do indivíduo, articulando-se com uma vida concreta, vivida por um personagem concreto, alicerce de uma sociedade igualmente concreta e constituída por vidas vividas; com *temporalidade* – transforma-se ao longo do tempo; com *socialidade* – só pode existir em um contexto social; com *historicidade* – vista como configuração localizada historicamente, inserida dentro de um projeto e que permite ao indivíduo alcançar um sentido de autoria na sua forma particular de existir.

Creio ser a identidade uma categoria efetivamente importante para compreendermos como o indivíduo se constitui, determinando sua auto-estima e sua maneira de existir. Neste sentido, é fundamental, para a compreensão da problemática do afro-descendente, o conhecimento da maneira como ele desenvolve sua identidade, principalmente em contextos sociais adversos, em que é discriminado negativamente.

Alguns conceitos necessários: raça, etnia, discriminação, preconceito, racismo

No momento em que são discutidas questões sobre identidade do afro-descendente torna-se importante explicitar como alguns conceitos referentes a esse tema são usados neste trabalho pois, na literatura, diversos teóricos e pesquisadores têm usado uma grande diversidade de terminologias, dificultando a discriminação das especificidades de fenômenos considerados distintos.

Primeiro, creio ser importante discutir o uso dos termos negro e branco, comum na quase maioria absoluta dos trabalhos aos quais fiz referência.

O sistema de classificação de cor no Brasil revela ausência de unanimidade. Encontramos, de fato, sistemas diversos: no censo demográfico, o IBGE refere-se às categorias branco, preto, pardo e amarelo; Darcy Ribeiro (1995), baseando-se nas principais matrizes étnicas participantes do processo civilizatório brasileiro, utiliza uma classificação muito comum, com as categorias negro, branco e índio; no censo de 1980, como foi citado por Moura (1988), há uma classificação popular de 136 cores; um sistema bipolar branco e não-branco, usado com freqüência pelos pesquisadores de ciências humanas; uma classificação comumente usada pelo Movimento Negro[1], com as categorias negro e branco.

Vários fatores tornam complexo o processo de identificação racial brasileiro. Muitas vezes a autopercepção difere da percepção do outro, refletindo a dificuldade de escolha ante o grande número de categorias raciais existentes. É comum indivíduos que se consideram brancos serem vistos como negros por outros. D'Adesky (1996) aponta como o modo de vida e o *status* acabam sendo, também, fatores determinantes na classificação da cor em relação ao afrodescendente. É muito comum a pessoa, principalmente no caso do mestiço, com características negróides leves e com posição social elevada ser considerado branco. Em função de especificidades socioeconômicas adversas, a pessoa com características físicas semelhantes pode ser considerada negra. Fatores ideológicos, como a busca de afirmação da negritude, vista como modo de afirmação e legitimação de uma determinada especificidade cultural, do mesmo modo, interferem na definição das características raciais. Por exemplo, pessoas com características fenotípicas brancas, em função de seu envolvimento com a cultura negra, podem considerar-se negras. Como se pode perceber, a ausência de unanimidade cria dificuldades adicionais para a construção da identidade do afrodescendente.

---

[1] Quando uso a expressão "Movimento Negro", refiro-me ao conjunto de grupos organizados, com objetivos culturais, políticos, religiosos ou acadêmicos voltados para a valorização das matrizes culturais africanas.

Em função disso, neste trabalho, procurei utilizar-me com maior freqüência do termo "afro-descendente", uma categoria que inclui tanto as pessoas consideradas negras como as consideradas mestiças. Em alguns momentos utilizei os termos "negro" e "branco", quando a literatura de referência utilizava tal categorização. Entretanto, é importante enfatizar que os termos "branco" e "negro", presentes neste trabalho, foram considerados como constructos socialmente construídos, dentro de uma dinâmica de relacionamentos sociais pautados por estereótipos e preconceitos, constituindo subjetividades referenciadas em imagem do negro inferiorizada em relação à do branco. Assim, ambas as categorias mantêm relação entre si.

Um conceito importante a ser esclarecido é o de "raça". Esta categoria, cuja definição é controvertida, tem sido muitas vezes empregada como sinônimo de "etnia". Aqui, raça e etnia são consideradas categorias distintas. Para Frota-Pessoa (1996), "raças são populações que diferem significativamente nas freqüências de seus genes" (p. 29). Na mesma direção, Casas (1984) refere o termo raça a um subgrupo de pessoas cuja combinação definida de características físicas de origem genética e diversos graus de variação pelos quais essas características se associam, distinguem-nas como subgrupo de outros subgrupos do gênero humano. Tomando tais autores como referência, neste estudo, raça é considerada como uma categoria referenciada em conteúdos biológicos. Distinta desta, a etnia refere-se aqui, como para Casas (1984), a uma "classificação de indivíduos, em termos grupais, que compartilham uma única herança social e cultural (costumes, idioma, religião, e assim por diante) transmitida de geração a geração" (p. 787), portanto, considerada como uma categoria relativa a aspectos culturais. É importante ressaltar não serem citadas, na definição de etnia, variáveis biológicas, portanto, raça e etnia não são sinônimos. Assim, membros de grupos raciais diferentes podem pertencer a um mesmo grupo étnico e membros de grupos étnicos distintos podem pertencer a um mesmo grupo racial. Por exemplo, os africanos da África negra trazidos ao Brasil como escravos podem ser considerados pertencentes a uma mesma raça, em função de suas características biológicas, e, conforme a classificação de Arhur Ramos (apud Ribeiro, D., 1995), membros de três grandes grupos étnicos distintos: o grupo das culturas sudanesas, o grupo de cultura africana islamizada e o grupo congo-angolês. Com relação às variáveis analisadas acima, é interessante o destaque dado por Helms (1993a), no seu caso referindo-se à cultura norte-americana, ao fato do quanto as ciências sociais têm desenvolvido trabalhos sobre questões do afro-descendente omitindo aspectos étnicos e do quanto os estudos com população branca desconsideram seus aspectos raciais. Este fato parece-me familiar também no caso de estudos brasileiros, principalmente no campo da psicologia – os trabalhos voltados a tais questões reduzem as características do afro-descendente à cor da pele e a características físicas, enquanto a condição de uma pessoa ser branca geralmente não é levada em conta, como se isto fosse irrelevante em seu desenvolvimento psicossocial em um país com as características do Brasil.

Outros conceitos importantes para o presente trabalho são os de discriminação, preconceito racial e racismo. A discriminação de cor é a manifestação comportamental do preconceito racial, aqui considerado como um julgamento de valor, não espontâneo nem hereditário, construído culturalmente e destituído de base objetiva, pertencendo à classe de mitos desenvolvidos através da socialização. Racismo é a categoria usada neste trabalho conforme a visão de Pereira (1996), isto é, como a prática discriminatória institucionalizada, e a posição de d'Adesky (1996), como uma prática de "desvalorização da identidade, opondo-se ao direito de cada indivíduo a viver segundo um enraizamento comunitário" (p. 91). Sua principal conseqüência, no campo político, é a fragilização ou a negação da existência de entidades comunitárias, cultural e etnicamente diferentes.

O preconceito racial, no Brasil, foi criado a partir da interação entre dois grupos – uma classe política e economicamente dominante que assumiu uma concepção de mundo considerada superior e estigmatizou o outro grupo, neste caso, o dos não brancos, caracterizando-o como de qualidade inferior, crença que passa a ter a função de justificar a dominação sobre ele. Concomitantemente, à medida que o grupo dominado passa a compartilhar as crenças sobre si mesmo e se submete à dominação, o processo passa a ser legitimado. Para Florestan Fernandes (1978), o preconceito de cor é uma categoria histórico-sociológica construída pelos "brancos" e é, em larga medida, compartilhada pelos próprios "não-brancos". É uma manifestação típica da formação sociocultural da civilização luso-brasileira, comportando questões ideológicas de padrões ideais de civilização, como o eurocentrismo, postura segundo a qual a Europa é considerada o berço da civilização e da cultura "universal", concepção de tremenda imprecisão histórica, que faz com que o europeu seja considerado um homem "superior" aos asiáticos, africanos e americanos.

Para superar a visão simplista de serem os problemas relativos às pessoas afro-descendentes restritos à questão da cor da pele e às características físicas, referências comumente associadas ao preconceito e à discriminação, e para poder compreender melhor como esses processos são desenvolvidos e alimentados, considero importante aprofundar o debate a respeito de como essas pessoas desenvolvem e lidam com as características raciais e étnicas de sua identidade. Neste trabalho foram realçados os aspectos referentes à raça e à etnia no desenvolvimento da identidade e na adaptação das pessoas afro-descendentes, porém, sem preocupação maior, de comparar distintos grupos étnicos de origem.

Os aspectos étnicos, extremamente mais complexos e mais ricos do que os aspectos biológicos, influenciaram várias expressões culturais e religiosas brasileiras, apesar de também servirem de referência para avaliação negativa de pessoas. Integra o processo de construção e manutenção do racismo apresentar as culturas africanas como folclóricas, primitivas e inferiores, se comparadas à branco-européia. Assim, alguns de seus elementos são simplesmente omitidos nos estudos da formação do brasileiro, com exceção dos aspectos da escravidão à qual o africano foi submetido. O africano tem sido considerado até como construtor de cultura, mesmo vista como folclórica, porém dificilmente como construtor de civilização. Assim, o preconceito contra a população afro-descendente tanto se dá em relação a variáveis raciais, visíveis na constituição fenotípica, quanto em relação às variáveis étnicas, entendidas como aspectos culturais também de menor valia.

A PSICOLOGIA E O AFRO-DESCENDENTE

(Algumas referências sobre como a psicologia vem se posicionando ante a temática etnoracial do afro-descendente)

Estudos brasileiros e a população afro-descendente

Como primeiro passo para desenvolver este trabalho levantei o que a psicologia brasileira tinha a dizer, através de seus estudos, acerca da população afro-descendente.

Não encontrei nenhum livro de psicologia atual (entre 1987 e 1997) voltado para as especificidades dessa população. A literatura encontrada com referências aos afro-descendentes, à problemática do racismo, à discriminação e aos preconceitos raciais pertencia aos campos da educação, antropologia, comunicação, jornalismo e história e, na área da psicologia, em sua maioria, eram publicações e teses de autores estrangeiros.

Ante essa primeira dificuldade, busquei, então, fazer um levantamento daqueles estudos publicados em periódicos, dissertações e teses de psicologia contendo menção à população de ascendência africana, uma vez que minha intenção era desenvolver um trabalho teoricamente enraizado em referências da psicologia brasileira. Entretanto, mesmo assim, o número encontrado foi quase nulo. A revisão bibliográfica, realizada mediante uma análise de conteúdo, buscava responder a algumas indagações acerca da psicologia brasileira: demonstra interesse pela problemática do afro-descendente? Participa do processo de manutenção ou de reversão do preconceito racial? Em que medida preocupa-se em desenvolver trabalhos favorecedores do desenvolvimento, por parte desta população, de uma identidade afirmada positivamente?

Para responder a tais questões, fiz um levantamento de todos os artigos de periódicos brasileiros de psicologia, dissertações e teses, de doutorado e de livre-docência, entre os anos de 1987 e 1997, disponíveis em duas das mais importantes bibliotecas de psicologia de São Paulo.[1]

Foram analisados 3.862 artigos em 30 títulos de periódicos, 656 dissertações e 393 teses de psicologia, em um total de 4.911 trabalhos; e ressaltados, neste livro, aqueles cujos conteúdos continham referências à temática do afro-descendente.

Dentre os 4.911 trabalhos disponíveis nas duas bibliotecas, no mês em que realizei o levantamento (agosto de 1997), foram encontrados somente doze que incluíam tal temática. É importante ressaltar o fato de, efetivamente, terem sido publicados somente três trabalhos até essa data. Os outros nove referiam-se a resumos de apresentações em congressos, dissertações e teses, todos não publicados. Entretanto, optei, no presente estudo, pela análise da totalidade dos doze trabalhos encontrados, publicados ou não. Os conteúdos desses trabalhos podem sugerir um perfil do discurso da psicologia brasileira sobre a população negra.

Na maioria dos doze trabalhos, a psicologia reafirma haver preconceito em relação às pessoas negras, fundado em estereótipos construídos socialmente. Piza (1995) ressalta a construção do estereótipo de personagens femininas negras na literatura juvenil brasileira. Duas pesquisas de Tamayo e outros (1987a e 1987b), estudando a percepção de pessoas sobre relatos de situações de estupro, concluem que os sujeitos investigados tendem a atribuir maior responsabilidade à vítima, pela ocorrência do estupro, se ela for uma pessoa da raça negra e menor atribuição de culpa ao estuprador. Na mesma direção, há maior atribuição de responsabilidade ao estuprador se ele for negro. Esses resultados sugerem a forma perversa tomada pelo preconceito.

Um estudo de Hutz e Rampon (1988) avaliou a influência das diferenças raciais e de gênero sobre a inteligência de crianças. Usa-

---

[1] Instituto de Psicologia da Universidade de São Paulo (USP) e Pós-Graduação em Psicologia da Pontifícia Universidade Católica de São Paulo (PUC-SP).

ram como instrumento de medida de inteligência o teste do desenho da figura humana, para os autores, apropriado para crianças de baixo nível socioeconômico. Foram avaliados meninos e meninas, brancos, mulatos[2] e negros. Dentre os resultados, um deles aponta diferenças significativas entre raças, ou seja, as crianças brancas apresentaram melhores resultados no teste em relação àqueles atingidos pelas crianças mulatas e negras: em outras palavras, a criança negra "demonstrou ser menos inteligente do que a criança branca".

Os autores, embora os resultados apresentem consonância com outros trabalhos quanto às diferenças de inteligência entre raças, demonstraram certa preocupação com as conclusões a que chegaram, sugerindo a necessidade de novas investigações no sentido de identificarem a influência de outras variáveis na explicação do fato. Creio ser uma preocupação louvável. Talvez fosse desejável que o trabalho fosse somente publicado após a realização das outras investigações sugeridas em suas conclusões, o que possivelmente diminuiria o risco de o estudo legitimar "cientificamente" o preconceito.

Os achados da ciência têm, ainda, função de legitimação das verdades estabelecidas no grupo cultural ao qual os indivíduos pertencem e, certamente, suas conclusões passam a fazer parte das verdades do senso comum. Trabalhos em psicologia, independente da qualidade metodológica, se apresentados de forma isolada, sem uma crítica mais consistente aos instrumentos usados para "medir" a inteligência, ou a outras variáveis passíveis de influenciar os resultados, podem criar o risco de "confirmar" estereótipos negativos sobre a população negra e de integrar o processo de retroalimentação da discriminação racial.

Outro trabalho de Hutz (1988) sugere que os estereótipos, em relação à pessoa negra, já são desenvolvidos em crianças desde a época escolar. Investigando as atitudes de crianças com relação à cor de pele, concluiu que as crianças brancas atribuíram ações socialmente desejáveis a personagens brancos, em histórias a elas narradas, e ações socialmente indesejáveis a personagens negros,

---

[2] Expressão usada pelos autores do artigo.

e as crianças negras pareceram demonstrar um reconhecimento da situação privilegiada obtida pelos brancos na sociedade.

O estudo de Kajihara (1995) com crianças deficientes mentais de 10 a 17 anos, estudantes de classes especiais, examinou as relações raciais na escola. Ao avaliarem a percepção de si mesmos, do professor e dos colegas de classe, tanto os escolares brancos quanto os negros não demonstram comprometimento da auto-imagem ou problemas na relação com o professor e colegas de classe. Esses resultados sugerem, no caso dessas crianças, não serem problemáticas as relações interpessoais entre os pares, resultados aparentemente contrários aos de outros trabalhos na área da educação (Valente, 1995; Teodoro, 1987; Barbosa, 1987).

Dois dos estudos visaram identificar e compreender o preconceito nas relações de trabalho. Teixeira (1992) ressaltou experiências de discriminação racial e resistência negra no mercado de trabalho e Azevedo (1988) investigou as relações entre empregadas domésticas e suas patroas. Esta autora percebeu diferenças nos discursos dessas mulheres e, para ela, podem ser entendidas sob a luz, simultaneamente, da ideologia racista e da ideologia sexista a permear as relações entre elas. Aponta um estranho silêncio sobre a questão do racismo, sistematicamente negado tanto no discurso das empregadas quanto no das patroas, havendo uma clara tendência por parte das empregadas em afirmar a desigualdade, contrapondo-se aos discursos das patroas, que enfatizaram os aspectos de igualdade.

Um dos trabalhos levantados visava usar seus resultados no sentido de minimizar o preconceito alimentado pela publicidade. Junqueira e equipe (1994) realizaram, pelo Centro de Estudos e Pesquisas do Procon, órgão oficial voltado para o apoio dos direitos do consumidor, uma pesquisa a fim de levantar subsídios para um processo de Ação Civil Pública contra discriminação racial contida em propaganda veiculada por meio de *out-doors* da Benetton, em que aparecem duas meninas, na mesma situação – uma branca e outra negra. Para os autores, os resultados apontaram uma tendência dos entrevistados em perceber conteúdos discriminatórios e desabonadores da raça negra contidos na propaganda, e de esta estar, potencialmente, violando os direitos ao exercício pleno de cidadania das pessoas submetidas à visão da foto. As informações publicadas, entretanto, não permitiram uma visão mais precisa sobre a metodologia empregada ou informações sobre particularidades da foto. Assim, os resultados apontados devem ser vistos com reservas.

Para assumir o favorecimento do preconceito por parte da propaganda, deveríamos ter informações sobre o método empregado – se ele distinguia os aspectos da foto explicitamente desabonadores da imagem do negro daqueles associados à possível projeção do preconceito que as pessoas entrevistadas já carregavam consigo. Creio ser importante essa ressalva, pois, quaisquer estímulos podem favorecer a uma pessoa projetar seu preconceito, ou seja, não há necessidade de tais estímulos conterem informações explícitas a aspectos raciais. O preconceito, assim como os diversos conteúdos da percepção, é uma construção socialmente mediada, de uma pessoa em relação à outra, determinado por algumas características da pessoa discriminada, porém, principalmente, *pelas crenças da pessoa que discrimina.* Se o preconceito fosse determinado unicamente pelas características da pessoa discriminada, poder-se-ia cair no absurdo de acusar o negro, por sua "negritude", como o responsável pela rejeição por ele sofrida. Assim, a foto de uma pessoa negra não pode ser responsabilizada, como fator único, por alimentar o preconceito racial.

Dois estudos, entre seus vários objetivos, ressaltaram o efeito positivo que as matrizes africanas podem determinar no desenvolvimento de identidades negras. Lima (1991), por intermédio do discurso de alguns mestres, faz uma descrição fenomenológica da Capoeira Angola, jogo constituído por um sistema de ataque e defesa, de origem genuinamente brasileira, surgido, entre os africanos procedentes de Angola, no Brasil Colônia. É um jogo de agilidade e astúcia que mantém e valoriza a cosmovisão africana. Ronilda Ribeiro (1987), em um trabalho intercultural com mulheres brasileiras e nigerianas-iorubás, estudou suas atitudes com relação à vida *post-mortem* e as posturas desenvolvidas, em função dessas atitudes, ante o próprio envelhecimento. Este trabalho resgata aspectos constituintes do imaginário africano que, provavelmente, participam das subjetividades dos brasileiros afro-descendentes.

Dentre os doze trabalhos, aquele cuja preocupação, a meu ver, mais claramente voltou-se para a identidade negra afirmada positivamente –, interesse deste estudo –, foi o de Souza (1991). A autora procurou conhecer a organização e o funcionamento de dois grupos do Movimento Negro e verificar os efeitos desses grupos sobre a formação da identidade de seus participantes. Constatou ter a participação no grupo levado o militante a recuperar os valores da cultura e da história do negro. Isso veio a permitir, através de um processo de reconstrução interior, uma revisão de padrões introjetados e o resgate da identidade racial. O grupo de militância passou a ser o ponto de referência, oferecendo segurança para o enfrentamento da discriminação, e a favorecer, aos militantes, maiores possibilidades de conquistas sociais, culturais e políticas.

O número reduzido de trabalhos voltados às questões dos afrodescendentes (três publicações em um universo de 4.911 estudos) levou-me a várias indagações. O que poderia tal número, tão reduzido, estar refletindo?

Haveria um *desinteresse por parte do psicólogo* para com esta população?

Se isto for verdadeiro, então estamos fazendo uma "psicologia branca", excludente de, pelo menos, metade dos brasileiros.

Seriam as variáveis *raça e origem étnica consideradas como não relevantes* no estudo do homem?

Se for este o caso, então os psicólogos não estariam levando em conta as diferenças efetivamente existentes nas pessoas desta população. Creio não ser uma hipótese absurda, pois tal postura estaria alinhada com o apregoado discurso oficial, ao qual o psicólogo também está submetido como cidadão, tendo sua identidade também construída em torno da idéia da ausência de preconceito no Brasil, de tratamento igualitário para todas as pessoas e de iguais oportunidades de mobilidade social para todos.

Assim, a ausência de trabalhos que enfatizem as especificidades etno-raciais do afro-descendente pode nos alertar sobre um possível risco de a psicologia brasileira, em seu silêncio, não estar favorecendo a diminuição da discriminação.

O pesquisador, ao não ressaltar, ou mesmo omitir-se em relação aos afro-descendentes, colabora, queira ou não, para manter viva a crença em uma "democracia racial brasileira" e na suposta inexistência de preconceitos. Creio ser hoje crucial o cientista deixar de voltar-se, protegidamente, para seus próprios instrumentos e metodologias de trabalho na busca de essências verdadeiras e descontaminadas de existencialidades, pois estas podem ser muito incômodas, e, sim, passar a elaborar trabalhos cada vez mais diretamente comprometidos com a melhora da condição humana.

Passei a buscar, em função do número reduzido de estudos da psicologia brasileira, referências em outras áreas de conhecimento, como na educação, antropologia, história e sociologia, além de estudos psicológicos de autores estrangeiros, aqueles nos quais eu reconhecesse alguma semelhança com a problemática brasileira, mantendo sempre a preocupação quanto à relatividade cultural de suas conclusões.

Estudos sobre a identidade do afro-descendente

Vários estudos voltados para a identidade do afro-descendente, na psicologia, foram desenvolvidos a partir dos anos 70. Cross (1991) fez um levantamento de trabalhos nesta área. São estudos correlacionais que avaliam a relação entre autoconceito, auto-estima e as variáveis etno-raciais ligadas à identidade. Sua principal preocupação é identificar quais variáveis favorecem ou não o ajustamento pessoal e como estão relacionadas à discriminação negativa para com a população negra. Estes trabalhos, entretanto, em sua maioria absoluta, são pouco conclusivos, apesar de sua qualidade teórica e metodológica.

Na mesma época, outros estudos teóricos e pesquisas, relacionados à questão do afro-descendente, começaram a aparecer na literatura psicológica, voltados principalmente ao aconselhamento e à psicoterapia. Visavam, basicamente, servir de auxílio aos profissionais (presumidamente brancos), tornando-os mais sensíveis em relação às variáveis étnicas e raciais passíveis de influenciar o processo terapêutico, e favorecer a compreensão da dinâmica particular, intra e interpessoal, vista como única para todos os afro-descendentes. O principal objetivo de tais trabalhos é o de ajudar o terapeuta a identificar e prever possíveis reações de hostilidade em situações de aconselhamento. Podem ter sua utilidade, porém partem da perspectiva apriorística de o "cliente negro ser um problema" e ressaltam suas deficiências pessoais, sem uma preocupação maior de pontuar qualidades da "personalidade negra". Além disso, são estudos voltados àqueles indivíduos com possibilidades de se submeterem a uma psicoterapia. No caso brasileiro, o número de pessoas beneficiadas pelos resultados de tais estudos seria reduzido, pois, como se sabe, a condição de "ser negro" está, via de regra, diretamente vinculada a condições socioeconômicas desfavoráveis, determinando a essas pessoas menores chances de virem a beneficiar-se desse tipo de serviço oferecido por nós, psicólogos.

Um caminho, a meu ver, mais proveitoso, seria o desenvolvimento de estudos preocupados em propor modelos sobre como a identidade se constrói, visando ações concretas favorecedoras do desenvolvimento de identidades positivamente afirmadas. Todo trabalho no campo das ciências humanas, além de um precioso exercício metodológico e instrumento de novas informações sobre um campo ainda pouco explorado, deve voltar-se para a compreensão das problemáticas existenciais concretas das pessoas e sugerir caminhos favorecedores de uma existência mais digna e um ajustamento psicossocial com qualidade.

Para Beverly Tatum (1993) as ligações pessoais favorecedoras de crescimento pessoal, que permitem bom ajustamento social, são aquelas mutuamente empáticas. Se a empatia mútua, necessária ao relacionamento e criação de vínculo afetivo, requer o interesse e a motivação para se conhecer o outro, então, o preconceito diário, freqüentemente, senão sempre, representa a falha na empatia mútua. Jordan, Surrey e Kaplan (1991) enfatizaram que para ocorrer empatia são necessárias sensibilidade e aceitação tanto para as diferenças quanto para as semelhanças da outra pessoa. Quando uma pessoa discrimina outra, de maneira intencional ou não, agindo com base em estereótipos, a apreciação da semelhança é violada. Em uma outra direção, quando o impacto do preconceito na vida do afro-descendente é negado, processo comum no Brasil, o reconhecimento da diferença também o é. Rosen (1992) denomina tais processos de "experiências de desconexão". Estas tendem, quanto aos relacionamentos pessoais, a provocar a falência nas relações inter-raciais e a favorecer a manutenção da discriminação de um grupo de pessoas em relação a outro com características étnicas e raciais distintas.

Uma linha de estudos importante foi desenvolvida por Cross (1987). Para ele, um bom ajustamento psicossocial está diretamente relacionado à combinação de três variáveis: (a) a "identidade pessoal", referente às características mais genéricas de personalidade, aos sentimentos e às atitudes da pessoa em relação a si mesma; (b) a "orientação do grupo de referência", variável indicativa do quanto a pessoa deixa seus pensamentos, sentimentos e comportamentos serem referenciados por valores, ideologias e padrões comportamentais de grupos raciais particulares; e (c) a "identidade racial", relacionada à maneira como o indivíduo se articula e se compromete com as matrizes culturais do grupo de referência. Por exemplo, uma pessoa, com uma identidade monorracial, pode identificar-se somente com um grupo – como no caso do afro-descendente identificado com o grupo branco de referências européias ou, ao contrário, com o grupo de origem africana – e outra pessoa, com uma "identidade birracial", podem sentir-se conectada a dois grupos raciais, como o afro-descendente referenciado tanto no grupo de origem africana quanto no de origem européia.

Esses três componentes – identidade pessoal, orientação do grupo de referência e identidade racial – podem, teoricamente, variar de uma maneira mais ou menos independente. Neste sentido, uma pessoa negra "assimilada", vivendo em uma cultura que contém valores europeus, como ocorre no Brasil, pode, hipoteticamente, sentir-se bem consigo mesma (isto é, ter uma identidade pessoal afirmada positivamente), considerar irrelevante a condição de ser membro de um grupo de referência articulado em torno de matrizes culturais africanas para suas situações de vida (identidade racial marginal) e, ao mesmo tempo, procurar referenciar-se em crenças desenvolvidas pelo grupo de matriz européia (orientação do grupo branco de referência). Entretanto, esses três componentes certamente interagem. Nas sociedades, como é o caso da nossa, em que são alimentados estereótipos relativos a grupos raciais, sendo um deles associado a qualidades negativas como "feio", "incapaz", "ignorante", "desonesto", e o outro a termos como "belo", "inteligente" e "trabalhador", é muito provável que o afro-descentente seja levado a referenciar-se no segundo grupo. Assim, ao identificar-se com o grupo ao qual são atribuídas qualidades positivas, a pessoa provavelmente teria mais facilidade em desenvolver uma identidade afirmada positivamente e sentimentos de valor em relação a si próprio. No entanto, esta identificação torna-se problemática quando o indivíduo precisa negar ou distorcer aspectos pessoais compartilhados com um dos grupos etno-raciais do qual descende, situação comum no caso do brasileiro afro-descendente que, ao tentar articular-se com a cultura européia, negando suas origens africanas, sujeita-se a condições determinantes de constituição de auto-imagem negativa.

Nessa perspectiva, posso entender a categoria identidade racial, no sentido atribuído por Cross, como um constructo referente a uma importante dimensão constitutiva do indivíduo, favorecendo a compreensão e a previsão de comportamentos de pessoas submetidas a um processo de desvalorização de suas matrizes raciais. Entretanto, as subdivisões propostas por Cross ("identidade pessoal", "identidade racial" e "orientação do grupo de referência") podem sugerir instâncias constitutivas de uma estrutura subdividida chamada "identidade". Como pontuei no capítulo II, considero a identidade um processo dinâmico, que confere ao indivíduo um sentido de *autoria*. Vejo-a, portanto, como um processo íntegro, cuja totalidade não deve ser rompida, sob o risco de mantermos uma visão compartimentalizada do processo psicológico humano. Assim, apesar de referenciar-me em alguns dos trabalhos de Cross, por se articularem com minha visão sobre o afro-descendente, passo a utilizar-me, no presente estudo, somente do conceito de "identidade", um processo que não pode ser esgarçado, mesmo por necessidade didática. O que para Cross é definido como "identidade racial", vejo como "aspectos raciais da identidade".

Tomando por base tais questões, parti, no presente trabalho, de um outro grande grupo de estudos, encontrado na literatura psicológica, com uma perspectiva voltada para o processo de desenvolvimento da identidade do afro-descendente e para as condições – principalmente aquelas relacionadas aos vínculos pessoais – favoráveis ou não ao estabelecimento de uma identidade positivamente afirmada.

O DESENVOLVIMENTO DA IDENTIDADE

(Um modelo de desenvolvimento de uma identidade positivamente afirmada)

Processo de desenvolvimento da identidade do afro-descendente

Ao se reportarem à identidade do afro-descendente, é muito comum as pessoas categorizarem os indivíduos quanto às suas características etno-raciais de maneira reducionista, baseando-se exclusivamente na cor da pele – classificando-os em negros e brancos. Helms (1993a) associa a qualidade racial a uma referência coletiva, compartilhada por um grupo de pessoas, fundada na *percepção* do indivíduo de compartilhar uma herança racial comum a um grupo particular. Para ele, o aspecto racial da identidade refere-se tanto à percepção do afro-descendente de pertencer a um grupo cujas pessoas compartilham a mesma origem racial, quanto ao reconhecimento de um branco de origem européia de pertencer a um grupo de aspectos raciais similares. Diz respeito também à qualidade de relação, ao grau de compromisso ou ao modo como a pessoa se identifica com seu grupo racial. Helms cita dois conjuntos de teorias voltadas para os aspectos raciais da identidade: aquelas voltadas ao estudo da identidade do negro que procuram explicar as várias maneiras como ele se identifica com outras pessoas do mesmo grupo racial, à sua reação quando submetido à discriminação; e teorias sobre a identidade do branco, que procuram explicar as diversas formas como o indivíduo se identifica com outras pessoas brancas e como desenvolve ou evita desenvolver uma identidade branca opressora contra grupos diferentes.

É importante fazer uma ressalva. Pode-se observar aqui a contraposição negro x branco. É uma cisão encontrada em vários estudos, comuns na literatura científica norte-americana. Parece ser fruto de uma cultura na qual a discriminação racial foi legalizada por longos anos, com uma efetiva contraposição entre dois grupos, condição histórica favorecedora de constituição de subjetividades articuladas em torno de referências dicotômicas. Creio que no Brasil, hoje, tal contraposição não tenha sentido. Aqui, há uma diversidade muito grande de nuances etno-raciais – diversas culturas africanas, diversas culturas européias e culturas indígenas. Então, dois grupos – negros e brancos – são categorias extremamente restritas para caracterizar o brasileiro.

Observando o contexto do qual fala Helms, ao utilizar o termo "racial" como referência desenvolvida pela pessoa ao compartilhar a herança comum a um grupo particular, ele, na verdade, está se referindo tanto a aspectos raciais quanto a aspectos étnicos compartilhados pelo grupo. Assim, creio ser preferível o uso do termo "etno-racial" que sugere ser tal herança configurada em torno tanto das especificidades biológicas quanto das culturais, religiosas, dentre outras.

No sentido de compreender melhor o processo de desenvolvimento da identidade do afro-descendente, Cross (1991) e Helms (1993b) desenvolveram pesquisas muito ricas, em trabalhos complementares, descrevendo o desenvolvimento de um processo de deslocamento de um racismo internalizado para um senso mais afirmativo de identidade.

É condição importante para a saúde psicológica ter-se um senso positivo de si mesmo como membro de um grupo do qual se é participante, sem nenhuma idéia de superioridade ou inferioridade. Considero úteis, como ponto de partida para uma compreensão do processo de formação da identidade do afro-descendente, principalmente quanto aos seus aspectos etno-raciais, o trabalho de Cross (1991), no qual é proposto, para o caso específico da população afro-americana, um modelo de desenvolvimento da identidade do negro composto de cinco estágios, e os trabalhos de Helms (1993b), sugerindo um modelo de quatro estágios, com maior ênfase nos mecanismos psicológicos envolvidos nesse processo.

Descrevo – referenciando-me em tais trabalhos – o desenvolvimento da identidade em quatro estágios, fundamentais para o processo de constituição da identidade dos afro-descendentes. Denominei-os *estágio de submissão; estágio de impacto; estágio de militância* e *estágio de articulação.* Utilizei, na nomeação dos estágios, palavras que refletissem processos psicológicos que se destacam em momentos de vida de uma pessoa e estão descritos nos quatro capítulos seguintes.

Faço aqui um alerta. É importante entender que as características de uma pessoa, em qualquer desses estágios, não se referem a traços de personalidade e nem a algum tipo de patologia psicológica. Além disso, não quero sugerir com o termo "estágio" a idéia de padrões fixos que se sucedem em uma seqüência linear, mas, sim, momentos em que o indivíduo expressa atitudes e concepções particulares desenvolvidas sobre si mesmo, sobre outras pessoas e sobre seu mundo, dentro do *continuum* de desenvolvimento da identidade. Quando me refiro a um indivíduo encontrando-se em determinado estágio, quero sugerir um momento de vida em que há a preponderância de certos dinamismos pessoais em relação a outros, não implicando a ausência de particularidades dos processos descritos nos outros estágios. Não se trata de uma "camisa de força" conceitual, mas de um delineamento teórico que sugere a ocorrência de processos transitórios na construção da subjetividade e ligados a circunstâncias específicas, construído como artifício didático para ajudar a compreensão.

A Figura 1 ressalta o modo como entendo a seqüência de estágios e os dinamismos pessoais a eles associados.

Figura 1. Seqüência de estágios no processo de construção da identidade, pontuando dinamismos pessoais que se destacam no processo

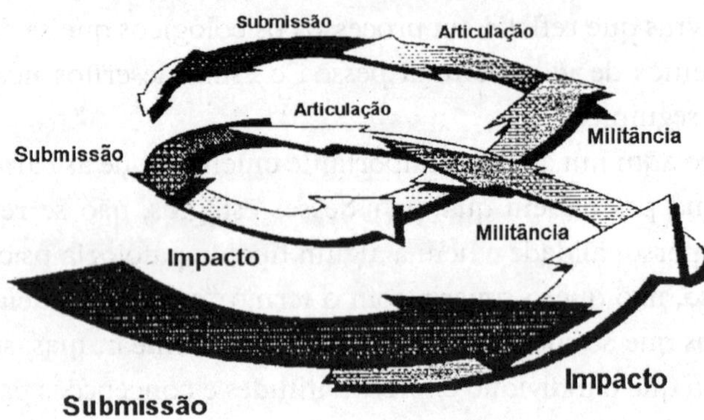

Estágio de submissão: idealização do mundo branco como escudo

É comum o afro-descendente absorver e se submeter às crenças e valores da cultura branca dominante, inclusive à noção sintetizada nas idéias do "branco ser certo" e o "negro ser errado". Esta internalização de estereótipos negativos é feita de maneira inconsciente. Pinto (1987) ressalta que tal processo se dá já a partir da escola onde, por intermédio das práticas e dos próprios livros escolares, a criança desenvolve e alimenta tais estereótipos. Apesar de nem sempre haver uma hostilidade declarada contra a criança afro-descendente, há uma consistente valorização dos valores branco-europeus, de forma a favorecer, nas crianças, a identificação com os ideais do grupo dominante branco.

O tema geral, em torno do qual as pessoas neste estágio se articulam, corresponde a uma idealização da visão dominante de mundo branco, visto como superior. Em decorrência, há uma desvalorização do mundo negro ou uma tendência dos indivíduos a assumirem como insignificante para suas vidas o fato de serem afro-descendentes. Para a manutenção dessa concepção, o afro-descendente geralmente utiliza algum mecanismo de dissociação. Mantém-se afastado do grupo de referências negras ao qual pertence e, simultaneamente, referencia-se em valores brancos, diminuindo assim o desconforto causado pela tensão desenvolvida nesse processo, em que passam a coexistir qualidades consideradas antagônicas – os valores de matrizes européias e os valores relacionados a matrizes africanas.

É comum os indivíduos, neste estágio, encararem as categorias "raça" e "etnia" basicamente como um problema de estigma desenvolvido pela discriminação social. Para Cross (1991), o interesse voltado para as questões negras, quando há, está ligado a tentativas de destruir esse estigma, e não a um interesse genuíno pela cultura e história negras. Na visão de Helms (1993b), para a pessoa deste estágio permanecer com um baixo grau de angústia ela precisa manter a ficção de não terem as questões etno-raciais nenhuma relação com sua maneira de viver, mas de ser a mobilidade social determinada, fundamentalmente, pelo esforço e pelas habilidades pessoais.

Há uma série de situações favoráveis à fixação das pessoas neste estágio de submissão, isto é, de sustentação das distorções a respeito de suas matrizes negras, dentre elas a educação formal. Para Pereira (1987), a escola é fundamental na construção da identidade da criança afro-descendente, porém alimenta subliminarmente a figura do "negro caricatural". No plano do relacionamento, tanto entre os alunos como entre professores e alunos, a instituição escolar é um microcosmo que reproduz o mesmo esquema estrutural da relação entre os que se consideram euro-descendentes e os afro-descendentes da sociedade brasileira como um todo, isto é, uma relação assimétrica de dominação/subordinação. Assim, em vez de corrigir, a escola estimula os estereótipos sociais e a submissão do afro-descendente aos valores brancos.

Apoiando-se em uma concepção de mundo e perspectiva histórico-cultural eurocêntrica, a escola passa uma visão distorcida da história como, por exemplo, encarando a escravidão como uma simples experiência civilizatória. As noções de beleza que perpassam as relações são derivadas de uma estética "branca", constituindo um problema pelo fato de o afro-descendente usá-la como a "referência correta", entendendo-a como positiva, racional e bem desenvolvida, levando, em decorrência, a uma desvalorização da estética negra, encarada como exótica, emocional e primitiva, qualidades consideradas "menores". Assim, é criado um processo pedagógico tal que leva o afro-descendente a inibir sua capacidade de advogar seus interesses culturais, políticos e econômicos aos quais tem direito como cidadão.

Os problemas etno-raciais, comuns neste estágio, são explicados sob o prisma da "culpabilidade da vítima", cujas condições sociais e econômicas precárias são encaradas como fruto da inépcia e falta de capacidade pessoal dos indivíduos afro-descendentes.

Geralmente, acredita-se em uma saída simplista, isto é, aquela em que o afro-descendente deve procurar adaptar-se ao "mundo branco" e o branco, simplesmente, não deve ter atitudes racistas. Essa visão, contida nos vários discursos políticos, religiosos e educacionais, baseia-se em uma concepção ingênua, segundo a qual a mudança dessas atitudes se daria pelo simples exercício de vontade das pessoas envolvidas.

Encontramos algumas tentativas de explicação do porquê pessoas pertencentes a determinado grupo etno-racial toleram o *status* desvantajoso que sua pertença a ele lhes confere. Taylor e McKirnan (1984) utilizaram-se de referências da teoria da atribuição para sugerir algumas respostas nesse sentido. Elaboraram um modelo geral para descrever as relações intergrupais, em que são identificadas as atribuições causais como um dos elementos-chave na determinação da maneira como os grupos em situação de inferioridade reagem às desigualdades sociais. As pessoas pertencentes a um grupo etno-racial inferiorizado por outro grupo são induzidas a atribuir sua situação social desfavorável a características pessoais negativas circunscritas a elas (como a incapacidade e a falta de esforço pessoal) e não a fatores externos, isto é, assumem como devida a elas mesmas a discriminação exercida pelo grupo dominante. O termo indução me parece forte, porém ressalta o fato de a concepção negativa do afro-descendente sobre si mesmo ser alimentada pelas pessoas do grupo hegemônico ao atribuírem a discriminação a vários fatores sociais e pessoais ligados aos afro-descendentes, abstraindo a raça e a etnia como variáveis relevantes, procurando manter uma atitude condizente com aspectos considerados de "bom tom" em uma sociedade na qual os discursos oficiais propagam a convivência harmoniosa de pessoas de todas as raças. Além disso, esta atitude passa a ser legitimada pelo grupo dos afro-descendentes, principalmente por meio das pessoas deste estágio, pois, enquanto se utilizam de referências brancas para se articularem na realidade, acabam assumindo a responsabilidade por suas mazelas sociais, colaborando, assim, para manter o processo de retroalimentação da discriminação. Em síntese, as pessoas brancas acreditam ser seu *status* vantajoso devido à qualidade de seu esforço pessoal e as pessoas afro-descendentes, deste estágio, encaram suas dificuldades justificadas pelo fato de não realizarem o esforço equivalente ao esperado delas. Dessa forma, estas pessoas deixam de incluir, na construção de sua identidade, matrizes culturais africanas que, historicamente, são referências participantes da cultura de todo brasileiro.

Helms (1993b) descreve duas formas básicas de os afro-descendentes, no estágio de submissão, lidarem com os aspectos etno-raciais: *ativa* e *passiva*. A forma "ativa" refere-se àquela caracterizada pelo fato de as pessoas idealizarem as características do branco e sua cultura e, simultaneamente, desvalorizarem a negritude e a cultura negra, mediante atitudes e comportamentos explícitos, associando os aspectos etno-raciais negros a qualidades "más".

Cito aqui uma experiência pessoal que, creio, pode exemplificar ocorrências desse estágio e a forma de lidar com tais questões:

> *Certo dia, o táxi onde me encontrava, dirigido por um negro, foi atrapalhado em seu percurso por um ciclista, também negro, exigindo que o motorista brecasse o veículo. Este, claramente contrariado e com raiva, disse: "Só podia ser preto!", associando a inabilidade do ciclista à sua característica racial, abstraindo o fato da cor negra ser uma particularidade semelhante à sua, evidenciando não se dar conta disto.*

Neste exemplo, está clara a manifestação da forma ativa, em que o indivíduo negro vê com menos valia aspectos etno-raciais, apesar de serem também características suas.

As pessoas cuja resolução da identidade, em relação às características etno-raciais, se dá de forma "passiva" têm uma visão de mundo determinada por valores preponderantes do grupo dominante. São geralmente denominadas de "assimiladas" e apresentam alta motivação para serem aceitas pelo grupo de valores brancos, direcionando suas vidas de maneira a favorecer tal aceitação. Geralmente assumem os estereótipos negativos referentes às suas características etno-raciais, assim como os estereótipos positivos usados pelos indivíduos de valores brancos para se auto-referenciarem, além de alimentarem com muita intensidade a ficção da igualdade racial.

Essas pessoas evitam arriscar-se a questionar os estereótipos aos quais são submetidas por medo de perderem a aceitação, efetiva ou desejada, das pessoas brancas e pelas desvantagens imaginadas passíveis de ocorrer se perderem tal *status*. É como se a idealização do mundo branco servisse de escudo para se protegerem. Em conseqüência, adotam uma crença inflexível na causação interna e individual das situações adversas sofridas, mesmo aquelas devidas às suas características etno-raciais, alimentando a convicção de ser a aceitação determinada fundamentalmente pelo esforço pessoal. Há, portanto, uma negação do grupo afro-descendente como referência para constituição de sua identidade. A esse respeito, observa-se uma situação irônica e muito comum no Brasil. O destaque social de alguns afro-descendentes, uma possível variável favorecedora da valorização de suas qualidades etno-raciais, termina alimentando ainda mais a discriminação negativa, pois essas pessoas, avaliadas segundo os parâmetros de sucesso dos valores brancos, têm seu êxito visto como indício do quanto ela é "diferente" dos indivíduos de características etno-raciais semelhantes às suas.

É importante avaliar os efeitos psicológicos incidentes sobre as pessoas deste estágio. Evidências empíricas, como demonstra o estudo de Parham e Helms (1985), sugerem que as pessoas deste estágio tendem a apresentar autoconceito pobre, baixa auto-estima, auto-realização pobre, alta ansiedade e depressão. Tais sentimentos vêm acompanhados, no indivíduo, da sensação de não se "encaixar" realmente em nenhum grupo, demonstrando alienação. Entretanto, se ele gradualmente toma consciência da desvalorização à qual está submetido, pode iniciar um movimento na direção de uma transformação, vindo a encontrar-se no estágio seguinte do desenvolvimento de sua identidade – o *estágio de impacto.*

Estágio de impacto: descoberta do grupo etno-racial de referência

Uma identidade referenciada nos valores brancos, conforme o processo descrito no estágio de submissão, comumente vai se modelando e sedimentando a partir do processo de socialização ao qual o indivíduo está submetido no seu dia-a-dia, envolvendo suas primeiras experiências com a família de origem, pessoas agrupadas ao núcleo familiar inicial, vizinhos, comunidade e escola, cobrindo toda a fase de infância, a adolescência e o início da fase adulta. A identidade assim constituída permite à pessoa sentir-se centrada, articulada nas situações de vida e ter um bom grau de controle e previsibilidade sobre elas. Neste sentido, Kelly (1963) desenvolveu uma teoria muito fértil sobre a personalidade, sugerindo serem os processos pessoais "psicologicamente canalizados através da maneira pela qual o indivíduo antecipa os eventos" (p. 46). Se tais processos tiverem um bom poder de previsão eles tenderão a manter-se. Na ocorrência de fatos que, de uma maneira contundente, desconfirmem as previsões da pessoa sobre os acontecimentos de seu mundo, é possível haver uma transformação desses processos e, em decorrência, a possibilidade de uma nova metamorfose da identidade pessoal. Para Ciampa (1987), essa metamorfose dá-se, na verdade, de uma maneira ininterrupta durante toda a vida – um infindável processo de morte-e-vida. Entretanto, apesar de poder-se tolerar certo grau de mudança e de novidade provocadas pelo meio externo ou interno, é impossível imaginar-se um mundo no qual se é solicitado a reconstruir a própria identidade a cada início do dia. Assim, a identidade pessoal construída tem como uma de suas funções filtrar as experiências, de forma a serem as informações assimiladas àquelas que se "encaixam" na estrutura presente das teorias pessoais. Há, portanto, dois processos antagônicos ocorrendo ao mesmo tempo – uma tendência para manter a identidade e o mundo simbólico, ao longo da vida – o que traz segurança – e, através de experiências desconfirmatórias, gradualmente ser impelido a transformá-los, em um processo necessariamente conflitivo. Assim, uma pessoa no estágio de submissão tende a manter-se nesse estágio até a ocorrência de algumas experiências cruciais que a capturem e provoquem-na a "baixar a guarda". É o momento no qual torna-se impossível negar a não aceitação por parte do "mundo branco". São experiências com um efeito de choque, que lhe fogem das mãos ou destroem a funcionalidade da identidade e visão de mundo presentes e, ao mesmo tempo, sugerem nova direção no sentido de uma transformação ou ressocialização. São circunstâncias que levam a pessoa a experimentar uma sensação de falência e suas referências não mais lhe permitem articular-se com segurança nas situações de vida. É um momento de espanto e vertigem.

Para Helms (1993c), esse processo de transformação desenvolve-se em três fases. Na primeira, caracterizada pelo momento que chamei de impacto, ocorre a tomada de consciência da discriminação, da não funcionalidade da visão do branco como referência para a construção da estrutura pessoal e da necessidade do desenvolvimento de uma "nova identidade". Na segunda, distinguida pela luta voltada para o desenvolvimento desta nova identidade, ocorre o conflito entre o abandono da identidade que vinha se desenvolvendo no estágio de submissão e a "nova", ainda não delineada, provocando sentimentos de confusão e desamparo. É, entretanto, o primeiro reconhecimento da importância das qualidades etnoraciais. Na terceira fase, a pessoa passa a agir como se existisse uma "identidade negra" já definida externamente, e que deve ser encontrada.

Em uma sociedade na qual há discriminação, é provável que a pessoa afro-descendente já tenha se deparado, por diversas vezes, com situações de afronta e indignidade em função de suas características etno-raciais, em contatos, diretos ou indiretos, com outras pessoas, brancas ou não. A discriminação freqüentemente volta-se para indivíduos específicos ou grupos sob a forma de agressões físicas ou verbais abertas; sob formas mais sutis, como negar empregos por diferentes justificativas, quando o motivo real é encoberto, ou seja, o fato de o indivíduo ser negro.

O estágio de impacto passa a desenvolver-se no indivíduo a partir do momento da tomada de consciência da discriminação, sofrida ao longo da vida, exercida pelo grupo de hegemonia branca. Algumas vezes, o impacto se dá a partir de uma situação dramática singular. Nos anos 60, nos EUA, milhares de pessoas passaram a voltar-se para uma compreensão mais profunda do movimento negro, que já vinha se delineando após a morte de Martin Luther King (Cross, 1991). Outras situações semelhantes servem de estopim para o desenvolvimento deste estágio – ser pessoalmente agredido na escola ou na situação de trabalho, ser rejeitado para uma festa, ser testemunha da agressão sofrida por um amigo, situações de violência praticadas pela polícia, incidentes raciais mostrados em um jornal da TV, o encontro com amigos envolvidos de maneira mais profunda com movimentos de valorização das raízes negras, dentre outras. Entretanto, como sugere Helms (1993c), não há um conjunto de experiências comuns, determinantes do momento de mudança, descrito aqui no estágio de impacto. São situações absolutamente idiossincráticas que geralmente determinam uma sensação de despedaçamento da identidade. Na maioria das vezes, a situação de impacto não é determinada por um único fato, mas sim, pelo efeito cumulativo de uma sucessão de pequenos episódios vividos pela pessoa, levando-a a tomar consciência da rejeição progressivamente. Deparando-se com a realidade de não poder ser verdadeiramente branco, o indivíduo é forçado a focalizar-se em aspectos de sua identidade que o inclui no grupo discriminado, o dos afrodescendentes.

Tomemos como exemplo uma situação comum do nosso dia-a-dia. Imaginemos duas funcionárias negras de determinada empresa, submetidas a uma situação de discriminação etno-racial. Uma delas pode, ante tal fato, assumir a atitude de que "deve aprender a lidar com as pancadas da vida"; a outra pode descrever o efeito da situação como "aquele que a ensinou a ver, ser a discriminação, à qual está constantemente submetida, um verdadeiro obstáculo para a sua vida". No primeiro caso, a pessoa abstrai a variável etno-racial de sua interpretação, tendendo a manter sua estrutura psicológica. No segundo caso, a situação sugere a tomada de consciência da discriminação que a pessoa sistematicamente tem sofrido. O fato provocador deve conter, para o indivíduo, força significativa para ocasionar uma mudança de atitude ante as situações de discriminação, favorecendo a alteração de seu sistema pessoal. Não basta simplesmente a experiência da situação. É necessário um segundo momento, o de personalização dessa experiência. A mudança pode ocorrer a partir da exposição a eventos que contenham informações relevantes e favoráveis acerca de aspectos culturais e históricos da experiência negra e das raízes africanas, antes desconhecidos pelo indivíduo no estágio de submissão. À medida que assimila essas novas informações e passa a usá-las como referências pessoais, ele é desafiado a repensar de maneira radical suas concepções sobre as questões negras. Entretanto, o momento de impacto contém uma faceta dolorosa, pois é inevitável ao indivíduo, a partir da consciência do quanto foi vítima de atitudes racistas ao longo da vida, sofrer uma desarticulação de seu mundo simbólico, o que sempre é acompanhado de angústia.

As situações de impacto, inicialmente, provocam reações intensas e de muita ansiedade. A pessoa sente-se confusa, assustada, com sensação de anomia, sendo comum a queda em um quadro depressivo. É uma experiência aflitiva, pois seus valores e visão de mundo não permitem mais um posicionar-se na realidade com segurança. Entretanto, como aponta Cross (1991), são reações temporárias, pois a pessoa, gradual e cuidadosamente, vai aprendendo a testar a validade de suas novas percepções, mostrando uma calma aparente, porém ainda com uma verdadeira tormenta fermentando internamente.

Neste estágio, a pessoa vê-se envolvida por uma grande gama de emoções: culpa, raiva e angústia generalizada, que poderão tornar-se fatores favoráveis, por gerarem grande energia para a ação. A pessoa passa a dirigir sua revolta ao que ela atribui como a "causa" dos problemas sofridos anteriormente – as pessoas brancas e todo o seu mundo branco. É um momento muito delicado, em que a ansiedade liga-se à descoberta de que uma outra concepção deve ser desenvolvida, a de "negritude". A raiva voltada para as pessoas brancas e a angústia decorrente da exigência de desenvolver um padrão "correto" de pessoa negra somam-se, determinando uma energia que vem favorecer a pessoa a buscar, de uma maneira determinada e obsessiva, uma identidade negra. Helms (1984) descreve esse momento como uma verdadeira experiência de "conversão religiosa". Pode-se supor não ter ainda a pessoa, no final deste estágio, desenvolvido uma identidade articulada em torno de valores negros, mas de já haver tomado a decisão de "tornar-se negra".

O estágio do impacto é uma fase intermediária que determina a morte do estágio de submissão e o afro-descendente, ou a pessoa "afrocentrada", começa a emergir. O reconhecimento de uma identidade referenciada em valores africanos a ser desenvolvida sinaliza a entrada da pessoa no *estágio de militância.*

Estágio de militância: construção de uma identidade afrocentrada

Após o período de conflito no qual o afro-descendente vê desarticular-se a estrutura de subjetividade provedora de sustentação e segurança, inicia-se um processo de intensa metamorfose pessoal, em que ele vai, gradualmente, demolindo velhas perspectivas e, ao mesmo tempo, passa a desenvolver uma nova estrutura pessoal referenciada em valores etno-raciais de matrizes africanas. Para Cross (1991), não é ainda o momento da pessoa ver-se transformada, mas sim, aquele no qual ela decidiu por uma mudança. Ao adentrar neste estágio, ela está muito mais familiarizada com os aspectos da identidade a serem destruídos do que com aqueles para os quais se dirige. Os limites de sua estrutura pessoal entram em colapso e suas referências passam a ser valoradas de maneira negativa. Entretanto, a pessoa ainda não tem familiaridade com a nova estrutura que deseja desenvolver, com a pessoa que deseja tornar-se.

> O novo convertido tem falta de conhecimento sobre a complexidade e textura da nova identidade e é forçado a construir uma imagem especulativa de *self* simplista, glorificada e altamente romantizada, que ele *acredita* ser a correta. (p. 202)

É uma situação extremamente incômoda e ansiógena, pois o indivíduo não tem referências claras do significado de tornar-se "verdadeiramente" negro e tem necessidade de sinais patentes de estar progredindo na direção "correta". Para Helms (1993b), até esse momento, a pessoa estava submetida a uma visão do negro determinada pela cultura branca, e sua maneira de agir ainda é estereotipada, sendo a referência da pessoa negra uma referência de grupo definida externamente, levando-a a pensar, sentir e comportar-se de acordo com padrões idealizados de como a pessoa negra "deve" agir.

É provável que essa situação, neste estágio intermediário, explique por que é comum o afro-descendente apegar-se de forma obsessiva a símbolos da nova identidade em processo de constituição, a jargões verbais, a algumas ideologias rígidas e a avaliações dicotômicas, do tipo "ou isto ou aquilo". Envolvido na transformação da identidade antiga e, simultaneamente, na busca das características básicas daquele que quer se tornar, o indivíduo passa a julgar os outros afrodescendentes em conformidade com seus padrões "idealizados", desenvolvendo uma forma tendenciosa e extremada de atacar pessoas que aparentemente demonstram valores antigos e a de afirmar os novos de uma forma estereotipada.

Em função das concepções da pessoa, neste período, estarem articuladas a uma visão dicotômica de mundo, há a tendência de considerar todos os brancos como maus, desumanos e inferiores e os negros como superiores, mesmo no sentido biogenético, passando a presença de melanina na pele a ser vista como um sinal de superioridade racial. Esse processo torna-se mais dramático no caso do mestiço, pois, como nos aponta Reis (1997), ele está submetido a uma ambigüidade de ser um e outro, um branco-não-branco e um negro-não-negro.

Cross (1991) e Helms (1993b) descrevem o processo psicológico envolvido nas transformações do indivíduo deste estágio pontuando duas fases. A primeira denominada *imersão* e a seguinte *emersão*. A fase de *imersão* é o momento de crise, o período no qual a pessoa mergulha no mundo negro, passando a participar de grupos nos quais seus valores são intensamente afirmados. O grupo apóia o novo "convertido", valorizando novos códigos, roupas, comportamentos, favorecendo um padrão de conformidade por parte do novo militante, criando a possibilidade do desenvolvimento de posturas radicais em relação a outros grupos. O interesse pela "Mãe África" torna-se evidente. As pessoas passam a participar de movimentos e organizações voltadas à busca de estratégias de combate à discriminação racial e a movimentos de valorização da cultura negra. É o momento no qual o afro-descendente passa a participar intensamente de festas, eventos musicais e a associar-se a grupos voltados para a afirmação de valores africanos. Nessa experiência de mergulho na negritude e libertação dos valores brancos, a pessoa vivencia um desenraizamento, acompanhado de sentimentos de raiva (contra a cultura e pessoas brancas, por seu papel na opressão sofrida; contra outras pessoas negras, por não terem ainda se dado conta de tal problemática), culpa (pelo tempo em que esteve enganada acerca da cultura negra) e orgulho (através do contato com as matrizes africanas). Um grande período de tempo é gasto na criação de estilos africanos de penteados, cortes de cabelo, roupas e passam a ser valorizadas as músicas que contêm ritmos africanos. É muito comum, dependendo da região do Brasil, o indivíduo passar a suprimir a denominação "preto" ou "de cor" como auto-referência, preferindo ser referenciado como "negro". Isto não se constitui em uma regra. O que ocorre é a busca de uma nova nomenclatura. Entretanto, ocorre uma situação paradoxal: para fugir ao conformismo da fase de submissão, o indivíduo cai num outro tipo de conformismo – o do novo grupo etno-racial de referência.

A identidade dos indivíduos fixados nesta condição de imersão poderia ser considerada como uma pseudo-identidade negra, pois baseia-se principalmente na aversão e negação dos valores brancos, portanto não em uma perspectiva de afirmação positiva de suas referências negras.

É importante uma análise mais aprofundada dos grupos de militância negra, no sentido de criar mecanismos que evitem um problema apontado por Figueiredo (1995) e por mim (Ferreira, 1996). O militante desenvolve sua identidade apoiando-se em procedimentos de exclusão e vedamento, resultando na repetição do próprio terreno que pretende transformar. Tende a um fechamento em torno de suas referências, sejam elas raciais, religiosas ou políticas, independente da direção – revolucionária ou conservadora – em que a militância esteja sendo exercida, vindo a produzir dificuldades na aceitação da alteridade. Tratando-se do desenvolvimento de uma identidade articulada em torno de características etno-raciais, esse fechamento pode levar a pessoa a tornar-se fixada nesse estágio, levando-a a preservar exatamente o mesmo padrão de subjetividade que visava transformar, ou seja, uma estrutura pessoal que favorece o preconceito, nesse caso, contra a população de matrizes branco-européias.

Creio que, apesar dos riscos, a militância seja um estágio importante a ser vivido para o desenvolvimento da identidade. A participação do militante favorece a recuperação dos valores da cultura e da história do negro para, mediante um processo de reconstrução, levá-lo a revisar os valores introjetados durante o processo de socialização, possibilitando, assim, o desenvolvimento de uma identidade e uma auto-estima mais positivas. O militante pode superar a postura radical que porventura tenha desenvolvido, entrando na fase de *emersão*. Ao se ver cercado por símbolos etno-raciais visíveis associados à sua identidade e, simultaneamente, ao se esquivar de símbolos de "branquidade", tem a oportunidade de explorar aspectos de sua própria história e cultura, com o apoio dos pares referenciados na mesma estrutura etno-racial. Muito da hostilidade voltada para pessoas brancas é dissipada nesse estágio, pois a energia pessoal volta-se à exploração de valores de seu próprio grupo. O afro-descendente desenvolve um controle sobre sua emocionalidade, com o abandono das ideologias simplificadoras, freqüentemente reconhecendo suas primeiras impressões sobre a negritude como românticas e idealizadas. Há certa decepção com relação aos grupos radicais, passando a participar de grupos mais seriamente voltados para uma reversão da discriminação e valorização das matrizes africanas, buscando, ainda, articular-se com diversos grupos simultaneamente.

Neste momento, ocorre a internalização de valores de matrizes africanas e a construção de uma identidade positivamente afirmada. O indivíduo entra no *estágio de articulação.*

Estágio de articulação: abertura para a alteridade

Aos poucos, a pessoa desenvolve uma perspectiva afrocentrada não estereotipada, com atitudes voltadas para a valorização das qualidades referentes à negritude mais expansivas, mais abertas e menos defensivas. Há o desenvolvimento de um novo processo de identificação, em que as matrizes africanas são salientadas. O grupo negro torna-se o principal grupo de referência ao qual o indivíduo pertence, sendo seu vínculo com esse grupo determinado por qualidades do próprio grupo e, não mais, exclusivamente, por fatores externos a ele. Para Cross (1991), a "nova identidade" construída tem três funções dinâmicas: defender e proteger a pessoa de agressões psicológicas; prover um sentido de pertença e ancoradouro social e prover uma fundação, ou ponto de partida, para transações com pessoas de culturas diferentes daquelas referenciadas em matrizes africanas. Psicologicamente, a partir do momento em que o indivíduo deixa de considerar como antagônicos os valores associados a matrizes etno-raciais distintas, sua internalização deixa de ser conflitiva, tornando a pessoa mais calma, mais relaxada. As estruturas cognitivas tornam-se mais flexíveis, vindo a determinar avaliações de aspectos fortes e fracos da cultura negra. Neste estágio, o indivíduo, enquanto mantém relações com pares negros, deseja estabelecer relacionamentos significativos com não negros de seu conhecimento, respeitando suas autodefinições. Está pronto, também, para realizar coalizões com membros de outros grupos organizados em torno de projetos ou valores distintos, o que, no estágio de militância, tende a não ocorrer.

As pessoas neste estágio encontram maneiras de articular seu senso de negritude em um plano de ação e de compromisso como participante de um grupo. Deixam de referenciar-se no preconceito como um universo, por si só.

Este estágio é de tal importância que a pessoa percebe-se totalmente mudada. Sente-se uma "nova" pessoa. Há uma mudança no grupo de referência. Antes a raça e a cultura africana eram vistas como de pouca importância, agora são encaradas como fundamentais para a vida diária. Passa a haver uma referência multicultural.

É importante salientar que a análise acerca do processo psicológico do afro-descendente em torno das referências etno-raciais, apesar de sua importância, refere-se a somente algumas variáveis de uma matriz ampla em torno da qual, na configuração da identidade, articula seu mundo simbólico.

Essa "nova" identidade, com a qualidade africana como uma de suas importantes dimensões, passa a ter uma função protetora. O indivíduo tem consciência de o racismo ainda fazer parte da experiência brasileira e de, provavelmente, ainda ser alvo de atitudes racistas, porém, a partir deste estágio, já desenvolveu recursos de defesa, um sistema de censura e uma orientação de eficácia pessoal que o predispõe a atribuir a culpa de circunstâncias adversas a outros fatores e não mais a si próprio. Desenvolve-se, assim, a consciência da importância das matrizes africanas na construção de sua identidade. O afro-descendente passa a sentir-se aceito, com propósito de vida, a estar profundamente enraizado na cultura negra, sem deixar de perceber as condições às quais está submetido em um mundo que o vê com preconceito. As matrizes africanas passam a ser efetivamente afirmadas.

O CAMINHO DE JOÃO

(O caminho de um menino pobre, filho de Ogum, um sobrevivente que virou guerreiro, e deixará a seus filhos, como legado, uma história de lutas, vitórias e, finalmente, se transformará em um ancestral)

João se apresenta

> *Eu me chamo João B. A. Eu sou* Olosum *do* Ilê Iya Mi Oxum Muiywa, *aproximadamente, "casa de adoração da minha Mãe Oxum". Esse é um cargo sagrado de quem não entra em transe. Eu sou o que as pessoas costumam chamar de ogã. Sou iniciado em* Ogum *e no Candomblé Nagô. Eu já passei pelo Candomblé Angola e agora estou no Candomblé Nagô, filho de* Ogum *e minha mãe de santo é de* Oxum. *Assim, sou filho de* Ogum *– de cabeça – com* Oxum *– por consagração. Sou casado e minha esposa chama-se P. Também é iniciada no Candomblé, iniciada em* Oxum, *e estamos grávidos.*

João se apresenta, indicando seu nome.

Para Ciampa (1987), é comum a identidade ser representada pelo próprio nome, como se o indivíduo buscasse uma certeza sensível. A pessoa tende a predicar-se atributos associados a ela pelos outros, e um deles é o nome, passando este a tornar-se algo próprio. Dessa forma, é como se o nome se fundisse com o indivíduo. É claro não ser o nome sua identidade, mas uma referência que o representa e o torna determinado. O sobrenome sugere união, semelhança com os familiares, e o prenome diferencia-o deles. Para Ciampa, o nome "ora distingue, diferencia; ora confunde, une, assimila. Diferente e igual. Com isto, a questão do nome nos revela que identidade é diferença e igualdade" (p. 137).

Porém, somente o nome não o distingue, pois há muitos indivíduos chamados "João" e outros com o mesmo sobrenome. Para dizer quem é, informa seu cargo religioso no Candomblé – *ogã*. Para Costa (1984), é um nome proveniente da palavra iorubá *Ògá* – pessoa superior, chefe, dirigente. Uma denominação relacionada a indivíduos que não entram em transe mas favorecem a ocorrência dessa experiência religiosa em outras pessoas. É uma função importante e respeitada na hierarquia do culto, tanto quanto as dos próprios pais e mães-de-santo. A eles são confiadas, além de funções sacerdotais, funções administrativas e de apoio financeiro ao terreiro ou Casa de Candomblé.

Chama a atenção a ênfase dada por João a seu papel religioso, sugerindo a importância de tal referência para identificar-se. Seu cargo, no Candomblé, é voltado para a função de "propiciador" de transformação (o transe), e de "organizador" no grupo de fiéis. Tais funções revelam qualidades em torno das quais ele desenvolveu sua participação em vários grupos de militância. Em um outro contexto, o familiar, enfatiza a qualidade de "gestador", o de estar grávido, prefigurando seu papel de pai. Aqui, mais do que qualidades estáticas relacionadas a seu nome, temos um *João-propiciador de transformações.*

Aponta, em seguida, sua ascendência religiosa – filho dos orixás *Ogum* e *Oxum*. Para Ribeiro (1996), os orixás são considerados, na religião tradicional Iorubá, emanações do Ser Supremo, dele possuindo atributos e tendo como propósito servir a vontade divina na organização do universo. Algumas das divindades são primordiais, participaram da criação do mundo; outras foram ancestrais que desenvolveram uma vida exemplar, e, a partir disso, passaram a ser deificadas; e outras personificam forças da natureza. É importante ressaltar serem os nomes dos orixás descritivos, informando sua natureza, seu caráter e suas funções. *Ogum* é o herói civilizatório, a divindade do ferro, da guerra e da caça, patrono dos guerreiros e de todos os que lidam com o ferro e o aço. A tradição narra ter sido ele um caçador e, quando todas as divindades vieram ao mundo, houve dificuldades para encontrarem o caminho. Competia a *Ogum* abrir clareiras na selva com seu facão mágico para elas poderem passar. Assim, é considerado como aquele orixá a tomar a dianteira, abrindo caminhos para quem o segue, é muito feroz e os contratos e juramentos realizados em seu nome devem ser cumpridos. Conforme Rehbein (1985), *Oxum* é considerada a divindade das águas doces. Originariamente divindade do rio da Nigéria com o mesmo nome. Simboliza a feminilidade, a maternidade e a prosperidade. É a Senhora do ouro, cobre e outros metais preciosos. Exerce o controle sobre a fertilidade, tanto humana quanto da natureza, além de dar proteção contra acontecimentos adversos, o que lhe confere grande poder.

Ao longo dos capítulos que evidenciam os estágios de desenvolvimento da identidade, o leitor terá a oportunidade de observar como João associa suas às qualidades de fertilidade, desbravamento, proteção e ferocidade a *Ogum* e *Oxum*, na construção de sua subjetividade.

Continuemos a narrativa:

> *Eu faço parte de uma entidade chamada de* Unegro – União de Negros pela Igualdade, *uma organização que foi fundada no final dos anos 80, em razão da dissidência que nós passamos a ter com o núcleo dirigente do Movimento Negro Unificado – MNU.*

Aqui está a ênfase de toda a entrevista – os aspectos etno-raciais de sua identidade. João mostra-se como parte de um grupo de militância negra voltada para a valorização das especificidades do grupo de afro-descendentes, no qual sente-se incluído.

O movimento ao qual João se refere é historicamente muito importante. Souza (1991) aponta que nos anos 70, fruto da influência da libertação de Angola e Moçambique e da luta pelos direitos civis nos EUA, foi organizado o Movimento Negro Unificado (MNU). O marco inicial de fundação foi uma manifestação pública ocorrida em São Paulo, um ato de protesto contra a violência policial desferida contra negros, representada pela morte em tortura do operário Robson Silveira da Luz, e contra a discriminação racial em relação a quatro garotos negros impedidos de participar de um time de voleibol no Clube de Regatas Tietê. Foi uma manifestação de 2.000 pessoas, em frente ao Teatro Municipal. A partir desse episódio foram criados núcleos do MNU em vários estados. O objetivo deste movimento era o de desenvolver instrumentos de luta contra a opressão policial, o desemprego e a marginalização da comunidade negra. O MNU, em 1978, passou a organizar-se em diversos bairros e centros urbanos, realizando movimentos nas ruas para enfrentar a ditadura militar. Seu programa básico de ação visa a desmistificação da democracia racial brasileira; a organização política dos afro-descendentes para transformá-la em movimento de massas; a busca de alianças com outros grupos voltados para a luta contra o racismo; organizar-se em partidos políticos e sindicatos; a luta pela inclusão da História da África e do Negro no Brasil nos currículos escolares; e o apoio à luta internacional contra o racismo.

João conta como seu grupo atual é fruto de tal movimento:

> *Naquela época, nós consideramos que o* MNU *estava passando por um processo de "petização", quer dizer, os militantes estavam se filiando ao* Partido dos Trabalhadores (PT)[1], *o que impedia um debate mais democrático na estrutura da organização. Não que nós fôssemos contrários a eles se filiarem a partidos políticos, em especial ao* Partido dos Trabalhadores, *mas era da nossa compreensão que aquele tinha que ser um espaço mais amplo e aberto para o debate político-democrático da questão racial. Então, nós optamos por organizar a* Unegro. *O primeiro núcleo surgiu em Salvador, na Bahia. Teve uma grande participação dos companheiros baianos. Foram eles que deram o nome. Depois foi se espalhando – Goiás, Rio de Janeiro, São Paulo. Fui coordenador-geral da* União dos Negros pela Igualdade *durante cerca de cinco anos. Hoje não faço mais parte da coordenação, mas continuo militando na entidade e, hoje, minha prioridade, inclusive para a* Unegro, *é concluir o mestrado.*

[1] O Partido dos Trabalhadores (PT) foi fundado na cidade de Lins, em 1979, no Congresso dos Metalúrgicos, Mecânicos e Eletricitários do Estado de São Paulo. O PT, desde sua fundação, definiu-se pela defesa da liberdade e autonomia sindicais, por um salário mínimo real e unificado, pelo apoio à luta dos assalariados e por uma política externa independente.

Enfatiza ser sua busca voltada à valorização de aspectos etno-raciais e não de referências político-partidárias. Foi coordenador-geral da *Unegro*, pontuando alguns parâmetros históricos. Ressalta mudanças ocorridas em função de diferenças de concepções acerca dos objetivos do movimento, mostrando semelhanças de idéias em relação aos companheiros de um grupo (*Unegro*) e diferenças em relação a outro (MNU). Retomo a idéia de Ciampa – identidade como diferença e igualdade. João pertence a um território e se avizinha de outro. Creio ser oportuno ressaltar que, desde o começo da entrevista, ele enfatiza transformações, ao longo de um processo histórico, uma referência constante em toda a sua narrativa – João sempre se transformando, em função de mudanças vividas na militância. No final deste trecho, sugere uma nova mudança – a busca de um projeto acadêmico, o mestrado.

Sintetizando, ao dizer quem é, destaca ser representado por um *nome*, pontua seu *papel* religioso articulado em torno de raízes ancestrais africanas e pelo qual sente-se constituído ("eu *sou* ogã"), situa-se em determinados lugares (Candomblé Nagô e *Unegro*), neles sentindo-se instalado e dos quais é participante, vindo de outros lugares, onde anteriormente se instalara (Candomblé Angola e MNU). A partir de raízes ancestrais, como no caso de João, filho de *Ogum* gestador de caminhos, configura-se a possibilidade da construção de pessoas favorecedoras de transformações. Projeta um papel futuro (pai que ainda não é), um vir-a-ser, mirando sua continuidade na filha que está por vir. João mostra-se, não como um ser definido, idêntico a si mesmo, mas como um processo voltado a um futuro, como *autor* de uma obra a ser realizada, já iniciada, e com um final em aberto.

João é um caminhante.

João e sua história

Olhemos para sua história de vida, os lugares onde morou, as pessoas importantes e sua condição social. Eles mostram uma parte da trajetória, por meio da qual João procura definir quem é.

> *Eu venho de uma família muito pobre. Minha mãe foi empregada doméstica. Trabalhou no campo como bóia-fria durante muito tempo, numa cidade chamada Pinhui, em Minas Gerais. Veio para São Paulo... grávida do meu irmão mais velho. Minha mãe teve dois filhos e nunca se casou... Começou a trabalhar como operária numa fábrica de costura. Depois da morte de meu pai, foi trabalhar como empregada doméstica. Trabalhou em várias casas durante muitos anos e dormia no emprego. Minha mãe chama-se R. e meu pai, J...*

Neste trecho, João menciona a condição social que também o define. Apresenta sua mãe e seu pai, dando algumas pistas sobre sua origem – uma família pobre. Sua mãe, migrante, uma mulher forte e trabalhadora, também caminhante em busca de sobrevivência, de quem fala com muito orgulho e gratidão.

De seu pai, companheiro em um dos trechos do caminho e presença fundamental na sua formação, tem poucas lembranças, porém, as que tem sugerem marcas permanentes.

> *Quando eu era criança... Tenho poucas recordações de meu pai, poucas recordações... Ficamos pouco tempo juntos... É uma época em que meu pai ficou muito tempo preso e, quando saiu, foi assassinado* [com certa emoção na voz]. *Uma das poucas coisas que me recordo de minha relação com meu pai foi o fato dele sempre dizer: "Não pode fazer amigos brancos, apesar de eles serem iguais a você!"* [como se o pai estivesse falando com João].

A influência do pai foi decisiva, principalmente como a pessoa que apontava caminhos dirigidos ao desenvolvimento de uma identidade articulada em torno de referências negras. As lembranças do pai vêm sempre associadas à especificidade de ser negro e à demarcação muito nítida, acompanhada de certo ressentimento, em relação à pessoa branca. A frase ambígua – "não pode fazer amigos brancos, apesar de eles serem iguais a você" – sugere a coexistência de uma diferença e uma igualdade, estar em um grupo distinto, mas com pessoas "iguais" – pressupondo, pela expressão emocionada, vivências de discriminação e, ao mesmo tempo, a idéia, socialmente estabelecida, de igualdade racial. É o menino entrando em contato, já na família, simultaneamente, com a discriminação e com a "democracia racial" brasileira.

Relata um episódio muito esclarecedor de como suas vivências na infância favoreceram o envolvimento futuro com os grupos de militância, como se João prosseguisse o projeto iniciado pelo pai, porém não realizado por este em função de suas condições pessoais e sociais.

> *Tem um episódio que me marcou bastante quando era criança. Minha mãe queria que eu fosse batizado e crismado e meu pai era contra isso. Havia, na época, um senhor, chamado Seu Rui, muito amigo de minha mãe e iria ser padrinho de crisma. Numa das visitas de meu pai, esse senhor usou uma expressão: "Eh aí o Mug"*[2] [referindo-se a João]... *Era um termo da época, não sei se você lembra, para se referir a um bonequinho do Simonal. O cara tinha feito uma brincadeira... Meu pai ficou muito furioso e agrediu o cara. Ele era muito criterioso com relação a isso. Ele achava que as pessoas não podiam ter esse tipo de comportamento com relação à questão racial. As pessoas brancas tinham que respeitar as pessoas negras. Ele achava que a gente não deveria andar com as pessoas brancas. Isso marcou sempre a minha trajetória. Quando eu comecei a militar, eu sempre tive isso muito presente. Talvez até em função disso, no início de minha adolescência, eu quase não tinha relações com pessoas brancas. Admito que ainda hoje tenho restrições internas. Não andava com roupas claras. Acho que esta experiência com meu pai foi muito significativa nesse sentido. Quando comecei a militar, esses fatores me vieram à tona. São aspectos que foram sempre muito importantes. Essas questões, o fato de ser negro, na minha infância e quando jovem, tiveram uma influência muito forte... muito forte.*

[2] Era um bonequinho negro.

Nessa cena, não está clara a razão efetiva da agressão, pois não se sabe se chamar João de "Mug" implicava efetivamente uma depreciação. Porém não são as situações em si mesmas que determinam o desenvolvimento de constructos pessoais, mas os modos particulares como os indivíduos interpretam essas experiências e se respaldam nessas interpretações para agir e justificar suas ações. Além disso, as recordações do pai sugerem a importância das primeiras relações familiares na valorização das raízes negras ou na construção do preconceito.

Continuando, João nos conta que nasceu em um bairro da periferia de São Paulo e uma de suas principais recordações refere-se à violência da qual procurou fugir, mudando-se, aos 16 anos, para outro bairro distante, atribuindo a este fato sua sobrevivência física, o que não se deu com vários amigos seus. João apresenta-se aqui como um "sobrevivente" das condições adversas de seu lugar.

> *Nasci na Vila Mazzei, um bairro da Zona Norte. Mudei-me quando tinha dezesseis anos, em função do alto grau de violência que estava se registrando naquela área. Meu irmão tinha se casado recentemente e eu acabei indo morar com ele. Eu atribuo a isso o fato de hoje estar vivo. Muitos de meus amigos daquela época morreram, foram assassinados, estão presos ou viciados.*
> *Então, são pequenas lembranças de muita violência e das marcas da pobreza... Eu fui de uma família muito pobre mesmo... Minhas tias todas trabalharam muito, a gente esteve sempre no limite das condições de dignidade, sob o ponto de vista da falta de dinheiro. Voltei a trabalhar e a estudar. Fiz Supletivo de 1º e 2º Grau, fiz cursinho também, Cursinho da Politécnica. Depois entrei na universidade. Eu me formei em Comunicação Social, com habilitação em Jornalismo, na Pontifícia Universidade Católica aqui de São Paulo (PUC-SP). Foi um pouco essa a minha trajetória...*

Com a mudança, criou condições para que pudesse trabalhar e estudar – supletivo, cursinho e universidade. Define sua trajetória como um caminho difícil, com poucas condições estruturais, porém um caminho de superação das limitações sociais e intelectuais. Um jovem que, como a mãe, aprendeu a fazer travessias difíceis, apesar das dificuldades do caminho, passando este a fazer parte daquilo que se tornou.

Passou a exercer funções importantes tanto na universidade quanto no Movimento Negro.

> *Atuei no movimento estudantil. Fui diretor da União Estadual dos Estudantes (UEE) e presidente do Diretório Central dos Estudantes daquela universidade, o que, naquela época, foi um fato histórico. Eu fui o primeiro negro a ser presidente do DCE daquela universidade e, na época, eu e mais três pessoas éramos os únicos negros representantes de entidades gerais no Brasil. Tinha uma pessoa que era do DCE da Universidade Federal de Santa Catarina. Não agüentou a pressão e abandonou o mandato antes de terminar... abandonou o curso. Era um rapaz chamado Jorge. E tinha uma menina, se não me engano, chamada Olívia, da Católica de Salvador, que depois entrou na atividade política. Acho que ainda é deputada estadual em Salvador, não tenho certeza...*
> *Em função dessa minha militância no Movimento Negro, acabei assumindo algumas responsabilidades. Uma delas foi ser da Coordenação Nacional de Entidades Negras e da Executiva Nacional de Entidades Negras, que preparou o Encontro Nacional de Entidades Negras, em 1991, aqui em São Paulo.*

Sua fala, pela ênfase dada ao fato de ter sido o primeiro negro a ter conseguido atingir aquele cargo, situação da qual se orgulha, sugere como é incomum tal circunstância, ou seja, como é raro um negro conseguir atingir posições de destaque na sociedade brasileira. Vai além, sugere, com o exemplo de outro rapaz de Santa Catarina, o quanto é difícil manter-se em tal posição. Este é um momento em que, mesmo indiretamente, refere-se à dificuldade de ascensão social da população afro-descendente no Brasil.

A este respeito são esclarecedoras as palavras de Moura (1988). A história econômica brasileira mostra ter a divisão social do trabalho sempre coincidido com a divisão racial do trabalho. A divisão de trabalho, reflexo de uma estrutura social rigidamente estratificada, apesar de algumas conquistas nos últimos anos, ainda persiste atualmente de maneira consistente. O trabalho qualificado como "nobre", intelectual, tem sido exercido pela população branca e o trabalho classificado como não-qualificado, braçal, "sujo" e mal remunerado, antes praticado pelos africanos escravizados e depois pelos libertos pela Abolição[3], continua sendo exercido pelos afro-descendentes. Até hoje, a situação não mudou significativamente. No espaço social, a mobilidade para o afro-descendente é ainda muito pequena. O ex-escravo, após a Abolição, quando entrou no mercado de trabalho competitivo, foi altamente discriminado por uma série de mecanismos, determinantes de seu imobilismo. Um deles é do trabalhador branco estrangeiro ser privilegiado. Além disso, um dos elementos desse impedimento foi a ideologia do preconceito de cor, que inferioriza o negro em todas as suas características pessoais. Conforme Moura (1994), desenvolveu-se um sistema classificatório, principalmente a partir da miscigenação, no qual os indivíduos passaram a ser valorizados em função de matizes cromáticas de sua cor de pele e características físicas, considerando-se o indivíduo tanto mais valorizado socialmente quanto mais se aproximasse do padrão étnico visto como ideal – o do branco com matrizes culturais européias. É evidente que esse esquema classificatório, relacionando o étnico ao social, não foi codificado legalmente, porém, o que é mais grave, ele estrutura tacitamente as subjetividades dos brasileiros, favorecendo a manutenção do estado de coisas presente e gerando a sensação de tratar-se de uma condição natural, portanto algo a não ser questionado.

Pode-se, aqui, entender a ênfase dada por João ao fato de ele ter estado em uma posição de destaque e, o que chama mais a atenção é o fato de ele mesmo demonstrar a idéia de excepcionalidade de tal situação, sugerindo ter o próprio afro-descendente desenvolvido uma subjetividade de tal que leva tais situações a provocarem certo estranhamento em si mesmo.

---

[3] Para Hélio Santos (1996), a Abolição expulsou a população de africanos escravizados para as margens, tanto no sentido físico quanto social, intensificando-se o processo de enfavelamento urbano.

Essas questões levaram-no a retornar à universidade para realizar o mestrado, com o interesse voltado para um conhecimento atualizado sobre a questão racial.

> *...um programa chamado Prolam, um programa da Pós-Graduação em Integração da América Latina, da Universidade de São Paulo, com a idéia de discutir um pouco mais a questão da identidade. Então, eu voltei para a universidade fundamentalmente com o objetivo de ter acesso a fontes de pesquisas e informações atualizadas e recicladas sobre a questão racial.*

João, a partir da configuração social, historicamente construída, e de valores desenvolvidos dentro da própria família, passa a constituir sua subjetividade mediante processos de suplantação de limites e restrições associadas às suas qualidades etno-raciais e às suas condições sociais. Apesar da força pessoal desenvolvida em tais processos, sugere ainda ser uma identidade construída por contraposição aos valores de uma classe dominante. No momento atual, procura aprofundar-se, no Prolam, nas questões raciais. Este aprofundamento tanto pode levar um indivíduo a intensificar uma postura "contra" o grupo branco e, de certa forma, alimentar uma cisão negro/branco ou pode, por outra via, favorecer uma postura muito mais voltada à afirmação, dentre outros predicados pessoais, das qualidades etno-raciais, atitude talvez propícia à aceitação da alteridade.

João é um lutador.

João e o estágio de submissão

A questão racial liga-se diretamente à construção da identidade do afro-descendente, e esta pode ser configurada como uma sucessão de fases que denominei de estágios, descritos no capítulo 4.

No estágio de submissão, os afro-descendentes tendem a desenvolver uma identidade não articulada em torno de matrizes culturais do grupo de referência africana, ou identificam-se com os valores do grupo de pessoas "brancas", comumente absorvendo e submetendo-se às suas crenças e valores. Esse processo, com João, entretanto, não parece ter-se dado exatamente dessa forma. Apesar de suas especificidades etno-raciais terem sido muitas vezes desvalorizadas, desde menino, através de vivências em que sentia-se discriminado negativamente, estas mesmas características foram, simultaneamente, ressaltadas e valorizadas, principalmente por seu pai.

A partir das particularidades de sua história pessoal, tendo-se como referência a delimitação dos estágios do desenvolvimento da identidade do afro-descendente, não se pode identificar uma fase determinada na vida de João que possa ser caracterizada como de um estágio de submissão. É como se, desde menino, ele já se encontrasse em uma fase de transição entre o estágio de submissão e os estágios seguintes. Creio poder-se falar, somente, em episódios de "submissão", pois percebe-se ter sido ele também preparado para a afirmação de suas características pessoais.

Pelo relato identifica-se que, quando pequeno, em várias circunstâncias, sentia-se constrangido e revoltado com sua condição social e suas características físicas. Foram várias as situações conflitivas de discriminação geradoras de reações de fuga ou de agressão.

Ouçamos João:

> *Eu me lembro de aspectos muito duros de se trabalhar e de reinventar a auto-estima. A característica do cabelo, o cabelo duro... Quando eu era criança, passando para a adolescência, era a época do cabelo "black power"... era uma trabalheira lidar com esse cabelo... "Porra, mas por que eu tenho esse cabelo, por que eu tenho essa estética?"*

João mostra seu drama pessoal ao lidar e, principalmente, aceitar a peculiaridade de seu cabelo – "por que eu tenho essa estética?". O afro-descendente internaliza os valores estéticos branco-europeus, assumidos como padrões de beleza, de maneira a ver suas próprias qualidades físicas como "feias" e de menos valia. O efeito de uma construção de identidade associada a esses valores é o desenvolvimento de uma baixa auto-estima, em que o indivíduo não admite simplesmente ter um detalhe físico do qual não gosta mas, o que é mais sério, assume ser ele uma pessoa de menor qualidade, de menor valor. É o preconceito racial voltado contra si mesmo e introjetado pelo próprio afro-descendente.

Vários estudos mostram serem os estereótipos negativos não só ligados à estética mas também aos aspectos culturais, sociais e profissionais, desenvolvidos e alimentados nas crianças desde a escola. Por exemplo, com relação aos livros didáticos, Silva (1995) concluiu que nos livros, apesar da rara presença de personagens negros, quando aparecem, são descritos como seres próximos aos irracionais, além de apresentarem comportamentos e atitudes associados à incapacidade intelectual. Nos contextos familiares são sempre vistos como apêndices de famílias brancas, como empregados domésticos ou como empregados de fazendas, neste caso associados à condição de escravo. São sistematicamente considerados minoria, apresentados através de estereótipos de feios e incapazes, geralmente personagens associados ao passado distante, de forma a sugerir a não participação efetiva dessa população na construção da sociedade atual. Os livros que apresentam visão positiva da população afro-descendente existem, como o trabalho de Bento (1998), porém são exceções. Para Negrão (1987), pode-se compreender a veiculação do preconceito, tanto por intermédio dos livros didáticos quanto da literatura infanto-juvenil, pelo fato de tais obras serem produzidas principalmente para a educação de crianças brancas. Uma pesquisa de Pinto (1987) ressalta o tratamento estético dispensado aos personagens em 531 histórias, na sua grande maioria enfatizando a importância do branco, sendo o negro sempre representado de maneira grotesca. As atividades representadas pelos personagens brancos são geralmente associadas a prestígio e poder; as dos personagens afro-descendentes, a funções humildes e servis, sistematicamente associados à pobreza e à escravidão.

João também associa a escola a um lugar que favorece o desenvolvimento do preconceito. Duas situações citadas são muito esclarecedoras.

A primeira descreve como sua professora, com o intuito de minimizar as dificuldades de crianças pobres da sala de aula, em uma atitude bem intencionada, acabou favorecendo a baixa estima de João e, talvez, de outros colegas seus.

> *... no primeiro ano do primário, eu tive uma professora que era uma graça de pessoa, dona Nicinha. Tinha sido a professora de meu irmão. Ela o identificou como meu irmão porque eu estava com o mesmo caderno que ele tinha usado quando foi aluno. A nossa diferença de idade era de dez anos... É, é muito louco...* [se emociona e ri]. *Tinha-se que usar tudo. Era interessante o que ela tentava fazer. Na cabeça dela, uma coisa considerada positiva era destacar os alunos na sala que, na época, não tinham merenda e aqueles alunos que pudessem levar lanche para aqueles que não tinham condições. Era muito trágico... Quem levava meu lanche era um rapaz chamado José. É lógico que ela tentava fazer o melhor e tinha a maior boa vontade, mas isso era um fator de vergonha muito grande... você, na hora do intervalo, ir lá com o cara – "Oh! você trouxe o meu lanche"? Era uma coisa muito constrangedora! Era muito constrangedora...*

Vejamos outra situação:

> *Para você ter uma idéia, era um grande problema ter que ir às aulas de educação física. Tinha que ter tênis branco, meia branca, short branco, camiseta branca, eram coisas muito puídas, mas limpas! Minhas tias lavavam roupa e elas exigiam isso. Eram todas remendadas mas muito limpinhas, bem passadinhas... Era constrangedor passar na rua e o pessoal dizer: "Pô, parece uma mosca no copo de leite"... Essas coisas são muito marcantes, não é?*

A cor da pele, no caso do afro-descendente, é uma das características físicas associadas a um valor negativo. É uma marca visível, impossível de ser eliminada, diferente de outras características, também referências para preconceitos, porém passíveis de serem encobertas, disfarçadas, como no caso da religião e da opção sexual.

Vê-se a preocupação de João em enfatizar estarem suas roupas sempre limpas, como que sugerindo não haver dúvidas de serem as chacotas voltadas contra ele referenciadas, sem dúvida, na sua cor de pele. Além disso, em um estágio de submissão, o cuidado quanto ao trajar, a busca de comportamentos socialmente corretos, às vezes de forma excessiva, revela uma luta para suplantar a suposta inferioridade ontológica que essas pessoas são levadas a acreditar que têm. Situações desse tipo marcam a vida de uma pessoa de uma maneira indelével.

Aos poucos, João foi transformando sua maneira de reagir às situações de discriminação, de uma postura mais submissa para uma mais afirmativa, às vezes agressiva. Talvez fossem ainda reações incipientes, porém já era um início de uma mudança.

João nos conta alguns episódios:

> *São pequenas situações que marcaram muito. É indiscutível que isso marcou muito a minha infância. Até há pouco tempo eu não andava com roupas claras. Pouco tempo não, até os dezessete anos eu não andava com roupas claras. Eu achava uma aberração. Eu fui uma vez no show do Djavan, era nessa fase, eu tinha entre dezessete e dezoito anos. Havia uma menina que hoje considero afrodescendente e ela falava: "Os negros não deveriam usar roupas vermelhas..." Eu briguei com a menina, tive uma discussão feia!*
> *Tinha um garoto que eu sempre enfrentava quando era criança... "Negro fedorento, bate a bunda no cimento prá ganhar mil e quinhentos"... dei paulada no cara e meu pai estimulava reagir contra isso.*

Observa-se, freqüentemente, o desenvolvimento, por parte da pessoa, de atitudes extremadas e agressivas ao deparar-se com situações de discriminação racial.

Vejamos um exemplo:

> *Na época em que voltei a estudar, tive problema com uma aluna na sala de aula. Uma coisa maluca... eu agredi uma mulher dentro da sala de aula por causa da questão racial. Fiquei suspenso du-*

rante muito tempo. Um amigo meu da época, o Ivo, dizia "Eu sou uma das poucas pessoas que pode te chamar de neguinho". Sempre tive amigos negros. Sempre pensei em projetos negros. No cursinho, eu tinha dois amigos, o Miranda e o Diógenes, que estudavam junto comigo, e a nossa afinidade era o fato de sermos negros. São coisas que marcam, que marcam muito...

A partir da tendência de submeter-se ou reagir de maneira esquiva, João foi desenvolvendo uma forma mais agressiva de enfrentar tais situações, como no episódio acima. Vivências desse tipo, gradualmente, favorecem atitudes mais assertivas de enfrentamento. Neste sentido, ele nos relata um acontecimento do qual sente certo orgulho.

Eu me lembro que, no final da minha adolescência, trabalhava numa fábrica. Era ajudante-geral. Era uma fábrica em que os donos eram espanhóis, portugueses e italianos. Tinha um gerente-geral de quem todos tinham medo. Eu nunca vou esquecer... Eu saí da empresa! Pedi demissão porque fui preterido em uma promoção! Um cara mais novo do que eu na fábrica e que conhecia o mesmo trabalho foi promovido na minha frente. Isso me deixou muito irritado. Fui lá e pedi demissão! Quando eu estava saindo, esse gerente me encontrou.
– Oh! que prazer em revê-lo... [imitando o gerente falando].
Eu respondi:
– Você nunca me cumprimentou, não te devo porra nenhuma, não gosto de você, eu sei que você também não gosta de mim...
Foi um negócio muito legal! Eu saí muito satisfeito com aquela ação e vi a satisfação das pessoas na fábrica, que se sentiam impedidas de fazer aquilo, de ter um gesto de rebeldia contra aquele cara. Eu nunca esqueci essa história porque ela foi muito marcante – e você... "Oba, dá um basta, que palhaçada é essa"...

Não é possível, por sua narrativa, identificar se sua reação deu-se em função de ter-se sentido discriminado por ser negro ou por outro motivo qualquer, porém, teve uma forma de confrontação mais afirmativa, muito valorizada por ele, tornando-se um padrão mais constante de reação em situações futuras.

Entretanto, o preconceito, muitas vezes, não é expresso de forma aberta. Comumente, é veiculado de maneira sutil, muito semelhante àquela vivenciada por mim e relatada na Introdução deste trabalho.

Vejamos a narrativa de João:

> *Aconteceu uma coisa muito interessante. Um dia, quando fazia estágio no Museu de Arte Contemporânea, encontrei um primo meu, com quem conversei por algum tempo. Num outro momento, estava conversando com uma das professoras, uma professora engajada, que eu acho que é negra, isto é, que não é branca, mas ela se considera branca. Eu disse:*
> *– Ah, estou muito feliz porque encontrei meu primo que há muito tempo eu não via!*
> *Ela respondeu:*
> *– Quem é, aquele porteiro?*
> *– Não, é aquele rapaz que está instalando o sistema de informática aqui no MAC!*
> *Achei muito gozado esse diálogo...*

São muito comuns situações constrangedoras em que o afro-descendente se depara com "enganos" deste tipo – médicos tomados por enfermeiros; donas-de-casa identificadas como empregadas domésticas; dentistas vistos como atendentes; professores e diretores de escola confundidos com serventes. No caso de João, sua amiga "confundiu" seu primo, um técnico em computação, com um porteiro.

Muitas pessoas com uma identidade eurocentrada tendem a acreditar na inferioridade do afro-descendente, e aqueles que conseguem se sobressair, social ou profissionalmente, são vistos como exceções. É a famosa imagem do "negro de alma branca", tão comum na constituição da subjetividade dos brasileiros, contendo o pressuposto de ser o afro-descendente inferior e de quem não se espera sucesso em atividades atribuídas à população branca. O próprio afro-descendente, o que é mais dramático, em razão das identidades serem socialmente construídas, acaba desenvolvendo também a crença de ser inferior.

Gostaria de ressaltar um trecho da narrativa anterior, que mostra o quanto torna-se difícil, para o afro-descendente, definir a própria identidade em relação aos aspectos etno-raciais. João afirma "achar que a professora é negra" ou "não branca" e ela "considera-se branca". São várias as referências – "negro", em que o critério para definir-se é a cor negra; "não-branco", em que a cor branca determina o critério; e uma pessoa pode ser vista como negra pelo outro e, ao mesmo tempo, ver-se como branca.

Situações semelhantes às descritas por João são muito comuns nos diversos espaços sociais, gerando no afro-descendente uma postura defensiva, tornando-o atento às mínimas manifestações do preconceito por parte dos outros. Estas reafirmam constantemente sua condição de discriminado, alimentando uma ansiedade constante, fazendo-o sentir-se sempre deslocado nos diferentes grupos.

O depoimento de João deixa isso claro:

> *Naqueles espaços caracterizados como brancos, como o* shopping, *dentre outros, eu não me sinto natural. Eu chego nesse espaço... deixo já todos os meus radares ligados. Eu não consigo me sentir à vontade. Todos os radares estão ligados... eu começo a perceber o que acontece ali... como a pessoa segura a bolsa... quando a pessoa muda de mesa... quando o vendedor demonstra má vontade, sem querer atender. Não é uma coisa natural. Eu vivo sempre ativado!*
>
> *No ônibus, as pessoas não levantam para dar lugar a uma mulher negra!* [riso nervoso]. *Estou tendo uma experiência agora com minha mulher que está grávida. As pessoas não levantam! É muito louco! A gente tem mais solidariedade da mulher do que do homem branco. Uma coisa que me chama muito a atenção é, ao sentar do lado de uma pessoa negra, o indivíduo segurar a bolsa no sentido de protegê-la... São coisas que ainda me deixam muito irritado!*

Tais acontecimentos sugerem que as subjetividades dos brasileiros são construídas de maneira tal a associar o afro-descendente a atitudes anti-sociais, como se ele, necessariamente, fosse um perigo, gerando o que Moura (1988) denomina *síndrome do medo*, desenvolvida pela população que discrimina a população não-branca e persiste até hoje. Pode-se entender tal processo pois, conforme Ribeiro (1997), as representações negativas do africano e seus descendentes no imaginário coletivo têm raízes muito antigas. Várias crônicas de viagens de navegantes portugueses, no século XV, marcadas pelo conteúdo imaginário medieval, já veiculavam imagens, valores e estereótipos depreciativos em relação à África, alimentando a idéia do africano como inferior, aliada ao mito da superioridade do branco europeu. Tais concepções foram transplantadas para o Brasil durante o tráfico de escravos, passando, por meio do processo de socialização, a fazer parte do mundo simbólico dos brasileiros. Mesmo com a necessidade de mão-de-obra, após a Abolição, a visão sobre o afro-descendente não se modificou e ele continuou sendo objeto de rejeição.

É interessante notar que o mecanismo de adaptar-se aos valores branco-europeus, comumente associado ao estágio de submissão, não se dá somente no nível individual. João ressalta como ele ocorreu também em nível grupal, pois o próprio Movimento Negro, logo após a Abolição, sugeria formas "adequadas" de comportamento e cuidados pessoais, visando maior adaptação do afro-descendente aos valores vigentes.

Para João, houve algumas fases características pelas quais o Movimento Negro passou, associadas a determinados momentos históricos. Na primeira, a qual associo ao estágio de submissão, os grupos ligados ao movimento ainda mantinham como referência forte os valores "branco-europeus", como foi o caso da Frente Negra Brasileira, entidade fundada em São Paulo no ano de 1931 e extinta em 1937. Seus objetivos voltavam-se para a defesa dos direitos civis e para a elevação moral, intelectual, artística e profissional dos negros. Espalhou-se para diversos núcleos nos estados do Rio de Janeiro, Bahia, Pernambuco, Minas Gerais e Rio Grande do Sul.

João ressalta algumas peculiaridades históricas associadas a tal momento, definindo-o como a "época da inocência", quando procurava-se eliminar qualquer marca que pudesse ser associada a valores negativos, por parte da população negra. Assim, a referência a ser seguida era a da população branca.

> *... depois da Abolição, havia uma situação muito difícil, muito complicada, de exclusão do mercado de trabalho, de exclusão de qualquer possibilidade do exercício da cidadania, até mesmo de exclusão material, em função da grande entrada de trabalhadores imigrantes no Brasil que vieram para ocupar completamente o lugar da mão-de-obra negra no mercado de trabalho. Então, nessas circunstâncias, sob o ponto de vista material e depois sob o ponto de vista subjetivo, pela forte presença de idéias do racismo supostamente científico no Brasil, a população negra começa, muito timidamente, a tentar construir espaços. E, no nosso ponto de vista, o grande momento desta concepção foi a organização da* Frente Negra Brasileira *aqui em São Paulo. Chamávamos este período de a "época da inocência". Analisando-se o material da* Frente Negra, *através do jornal ou do estatuto da organização, identifica-se um objetivo muito preciso – pensar na integração do negro na sociedade brasileira por mecanismos pacíficos. A idéia era a seguinte: se a gente procurasse participar o suficiente, iríamos ser aceitos como iguais.*
>
> *O estatuto da* Frente Negra *chega a sugerir formas de comportamento individual – cortar a unha bem baixinho, cortar o cabelo bem baixinho, falar baixo e essas coisas todas... para tentar tirar, segundo eles pensavam na época, aquela marca de negatividade vinculada às manifestações culturais negras.*
>
> *E por que nós a consideramos como uma época de inocência? É fundamentalmente por acreditarmos na impossibilidade do ingresso na estrutura social brasileira através de mecanismos de não contestação, de absorção natural. É lógico que existia uma grande pressão ideológica na época. Quando se passa dessa conceituação de hierarquização racial, procura-se esse conceito de democracia racial, de que todos são iguais. Gilberto Freyre tem*

grande papel na elaboração desse projeto político, nos anos 30 e 40. Jorge Amado populariza isso através de seus romances. Darcy Ribeiro acaba absorvendo isso na academia. Quer dizer, é um grande momento para se pensar um pouco esse espaço da democracia racial.

Importantes representantes da cultura brasileira, tanto nas artes como na academia, absorveram a idéia de "democracia racial", expressando-a em suas obras, favorecendo a legitimação de tal ideologia junto à população como um todo.

A participação de Gilberto Freyre foi muito importante nessa fase, em razão de seus estudos da formação da sociedade brasileira. Foi um pioneiro do culturalismo, escola de antropologia que considera essencial a "cultura", por oposição à natureza, na formação dos padrões culturais de um grupo social. Contrapunha-se às idéias racistas vigentes na época. O racismo científico atribuía o atraso da sociedade brasileira à presença de negros e índios na formação do povo, em virtude da mistura de raças com o branco europeu. O mestiço era, até então, considerado como uma espécie degenerada. Para Freyre, ao contrário, a mistura de raças é que determinava a riqueza e a força cultural dos brasileiros. Apesar do caráter renovador, seu pensamento era considerado socialmente conservador. Foi um dos principais elaboradores do mito do "senhor bondoso" e da "escravidão benigna", que ele considerava uma das características do escravismo brasileiro, hoje contestada. Na fala de João:

E a militância da Frente Negra *acredita nisso, a ponto de ter dentro de sua organização grandes contradições. Por exemplo, tinha militante da* Frente Negra *que apoiava o Integralismo. Tinha militante da* Frente Negra, *como Correia Leite, que procurou uma saída mais à esquerda. Tentavam conviver dentro daquele espaço, mas a idéia central que predominava na* Frente Negra *era a idéia de um processo de integração pacífica e, do nosso ponto de vista, essa inocência foi quebrada em 1937, quando vem o Estado Novo getulista e a* Frente Negra *tentava constituir-se como um partido político.*

João, usando o Integralismo como referência, salienta contradições que evidenciam a denominada "inocência" por parte de alguns militantes representativos, talvez pelo fato de o Integralismo associar-se ao fascismo italiano e ao nazismo alemão. Os integralistas, inspirados pelos movimentos europeus, eram anti-semitas, defendiam um Estado autoritário, tendo como um de seus principais líderes Gustavo Barroso, um defensor da eugenia e repetidor das idéias racistas dos nazi-fascistas, o que torna espantosa a participação de negros.

Houve, historicamente, um momento de ruptura, após a instalação do Estado Novo, com a extinção dos partidos políticos e outras formas de organização. Assim, a Frente Negra Brasileira foi também dissolvida, determinando um vácuo e a perda, por parte da população afro-descendente, de um espaço importante na valorização de suas matrizes e na defesa contra injustiças.

> *O Estado Novo não permitiu a organização da Frente Negra como um partido político.*

O Estado Novo, momento político importante na história brasileira, foi o regime implantado no Brasil por Getúlio Vargas, após um golpe de Estado, em 1937, que fechou o Congresso Nacional e implantou uma nova Constituição. Todos os partidos foram banidos, suspensas as liberdades individuais e todos os estados passaram a ter um interventor diretamente ligado ao presidente. Paralelamente, imprimiu-se um novo rumo ao desenvolvimento econômico do país. Os principais ingredientes deste Estado foram o nacionalismo, o populismo e o trabalhismo. O Estado passou a patrocinar a indústria nacional visando a substituição das importações, em função da crise gerada pela queda internacional do preço do café, o principal produto brasileiro de exportação e sobre o qual toda a economia se sustentava. Investiu intensamente na indústria pesada, como do aço e do ferro, passando a apoiar a indústria manufatureira. O proletariado urbano passou a receber benefícios do governo, mas o trabalhador do campo continuou abandonado, sem direito algum, apesar de sua importância econômica e força numérica. O presidente era exaltado como protetor das massas, por meio de técnicas de propaganda inspiradas no nazi-fascismo. Dessa forma, operários e funcionários eram sensibilizados em torno de uma concepção política que convencionou-se chamar de trabalhismo. Houve benefícios, pelos quais o proletariado lutava desde o século XIX: salário mínimo; jornada de oito horas; férias remuneradas; estabilidade no emprego; indenização por demissão sem justa causa; regulamentação do trabalho das mulheres e menores; institutos de aposentadoria e pensão. Porém, paralelamente a esses ganhos, o controle político sobre os trabalhadores era intenso: o movimento sindical era controlado pelo governo; as greves foram proibidas; as liberdades sindicais foram extintas. A participação do Brasil na Segunda Guerra veio alterar a posição do país no cenário internacional. Aflorava uma contradição: os brasileiros davam-se conta da anomalia que consistia em lutar pela democracia no exterior, ao mesmo tempo em que se vivia uma ditadura no próprio país. Os protestos populares começaram a aumentar e os comícios da recém-criada União Nacional dos Estudantes movimentavam os estudantes. O governo estrategicamente cedeu – concedeu anistia para centenas de presos políticos e fixou uma data para eleições nacionais. A partir daí foram criados os modernos partidos políticos brasileiros. O ditador passava a ter um perfil de líder esquerdista. Interesses norte-americanos alarmaram-se com o projeto, pressionando no sentido de haver modificações. O descontentamento ampliou-se para a classe política e militar. Em 1945, a cúpula militar depôs Getúlio Vargas.

Se levarmos em conta os processos pelos quais a comunidade negra passou, bem retratados pelos movimentos negros, nos momentos históricos da "época da inocência", podemos perceber que a forma de ela lidar com a condição dos negros como "meros indivíduos", saídos de uma condição escrava, ainda era de certa forma "ornamental" – a tentativa de reproduzir comportamentos e costumes dos brancos para poderem tornar-se pessoas como eles. É evidente que tal mecanismo não traz uma transformação efetiva, em termos de identidade, do afro-descendente. Como será visto a seguir, os movimentos negros passaram a desenvolver processos novos, com a possibilidade de provocar mudanças pessoais efetivas.

Como diz João em outro lugar da entrevista, a construção da identidade é na verdade um exercício político ligado a um contexto social e a um momento histórico.

João, o caminhante, conta parte da história de sua travessia e nos mostra ter muitos companheiros de viagem.

João e o estágio de impacto

Como já foi discutido no capítulo 2, a identidade permite à pessoa sentir-se centrada e articulada nas situações de vida e, com isso, ter um bom grau de controle e previsibilidade sobre elas. Quando as previsões passam a ser desconfirmadas ou a maneira de organizar a realidade deixa de ser funcional, é possível haver mudanças dramáticas da identidade pessoal. Tal processo geralmente é provocado por certas experiências de choque. Assim, uma pessoa, no estágio de submissão, tende a manter-se nesse estágio até a ocorrência de certas situações, geralmente dolorosas, favorecedoras de uma tomada de consciência do quanto sua maneira de organizar a realidade e o tipo de subjetividade desenvolvida deixaram de ser funcionais e, ao mesmo tempo, sugerem uma nova direção para uma transformação pessoal.

No caso do afro-descendente, é um momento difícil, porém necessário ao desenvolvimento de uma identidade articulada em torno de qualidades étnicas e raciais.

Há um acontecimento muito importante na vida de João. É um incidente, retomado várias vezes em seu relato, que poderia descrever um momento com características do estágio de impacto. Posso interpretá-lo como uma situação existencial paradigmática, servindo de marco para a construção de sua identidade e para o desenvolvimento de mudanças pessoais. Vamos ouvi-lo, pois sua descrição é explicativa de como um menino negro é comumente tratado e freqüentemente reage, se não tiver desenvolvido formas mais afirmativas de enfrentamento:

... aconteceu uma coisa que me marcou muito e, até há pouco tempo, me deixava muito revoltado. Eu trabalhei em diversas coisas. Tentei ser engraxate e fui malsucedido. Trabalhei numa banca de jornal e foi uma experiência legal. Trabalhei numa quitanda. Numa época, além de entregar as roupas que minhas tias lavavam e passavam, eu entregava marmita para um senhor aqui no centro da cidade, Seu Anísio, também uma pessoa muito importante na minha vida. Eu gostava muito dele. Pegava a marmita na Vila Mazzei e entregava para ele aqui na Praça da Bandeira. Certo dia, no ônibus, dois rapazes brancos passando pelo corredor, e estando eu sentado na janela, faziam comentários negativos, referentes à minha cor. Me deixaram muito revoltado... mas eu não respondi... eu não fiz nada! Eu me senti impotente ante aquilo. Eu fiquei com o rosto virado só para fora, o que fez com que eu tivesse uma dor desgraçada no pescoço.

São comuns reações de esquiva, de submissão, como a de João ante os comentários dos dois rapazes. Entretanto, como se pode ver na seqüência da entrevista, ele passou a empregar outros mecanismos para enfrentar situações semelhantes, desde atitudes agressivas mais diretas, até atitudes mais assertivas, desenvolvendo uma fase de maior consciência e de luta contra tal estado de coisas.

Em uma sociedade, como no caso da brasileira, é freqüente o afro-descendente deparar-se com situações de humilhação, em função de suas características etno-raciais. Quando ele introjeta os valores pelos quais é discriminado, como se efetivamente tivesse um "defeito", tais situações muitas vezes passam desapercebidas a ele, favorecendo a manutenção de valores racistas, tanto por parte de quem discrimina como de quem é discriminado. Entretanto, algum fato singular pode servir de estopim para a pessoa tomar consciência da discriminação constantemente sofrida. É o momento do impacto. A experiência, descrita por João, mostra ter sido um acontecimento pelo qual não só deparou-se com o preconceito explicitado de maneira crua, mas tomou consciência de como se comportava de maneira passiva.

Como já discuti, várias outras situações podem favorecer tal tomada de consciência, como eventos e informações acerca da História e das matrizes étnicas do afro-descendente. Nesse sentido, João nos conta como foi importante uma visita ao Mercado Modelo, em Salvador.

Eu estive certa vez em Salvador com minha mulher. Fomos visitar o porão do mercado municipal, o Mercado Modelo, onde os negros eram amontoados, na época dos grandes leilões... Isso marca muito... Não é? Em 88 teve uma grande exposição da escravidão no Brasil e, então, aqueles instrumentos de ferro... aquelas coisas todas marcam muito.

Situações como essas são delicadas, pois a pessoa é tomada por uma grande gama de emoções, dentre elas a raiva, agora voltada àqueles a quem passa a atribuir a responsabilidade pelos sofrimentos passados. É comum, a partir daí, a busca obsessiva de uma "identidade negra". A raiva ativa a procura de conhecimentos e relacionamentos articulados em torno de suas qualidades raciais e étnicas.

João evidencia seu ressentimento, provocado por experiências de impacto. Acredita ser um sentimento a ser potencializado para a luta pela valorização da população negra. No seu caso, foi determinante para a construção de sua subjetividade.

Eu tenho uma idéia, Ricardo, que é a seguinte: a grande diferença do militante negro, do militante na luta contra o racismo é que ele tem um grau de ressentimento muito acentuado. Eu não acho isso negativo. Acho que ele deve ser potencializado. O ressentimento surge em momentos como esse, surge em contatos, através de informações detalhadas sobre essa experiência da escravidão... É muito forte... É muito forte mesmo esse ressentimento! Eu não tenho dúvida nenhuma de que esses ressentimentos espontâneos ou abertamente provocados, na minha infância e juventude, foram fundamentais para aquilo que penso. A presença muito marcante do meu pai foi importante na minha trajetória de vida. É muito difícil você sobreviver numa condição assim, não é?

Todos esses impactos determinaram seu mergulho na militância.

Todos esses impactos, sem dúvida, me provocaram a ser um militante. Sem dúvida. Isso forjou, pelo bem ou pelo mal, o que sou. Eu tenho sempre lembranças disso, desses ressentimentos, dos momentos em que eu não pude reagir, nos momentos em que eu fui excessivamente severo na reação. Ainda não sou uma pessoa ponderada, pelo contrário, eu sou uma pessoa muito pouco ponderada, mas eu acho que a grande conquista foi o fato de hoje poder me rebelar. Hoje que eu digo é nesses últimos tempos, da minha adolescência para cá, em que pude me rebelar. Uma das palavras de ordem da Unegro, *que eu apresentei na época e chegou a fazer parte de uma campanha... era "rebele-se contra o racismo". "Se achou que está sendo objeto de racismo, rebele-se"!*

João-o-rebelde – uma das facetas de sua identidade. Um personagem imporfante para sua trajetória pessoal. Ele permitiu a emersão de um João mais "afrocentrado", com uma identidade referenciada também em torno de suas matrizes raciais e étnicas africanas.

É interessante notar que tal processo deu-se também no movimento negro. O movimento individual e grupal articulados, interferindo-se mutuamente.

João chama a nossa atenção sobre o que ele denomina segunda fase do Movimento Negro. A partir de trabalhos de vários pesquisadores eminentes, tanto estrangeiros quanto brasileiros, e de denúncias do racismo por parte dos próprios militantes, passou-se a negar explicitamente a chamada "democracia racial brasileira" e o negro passou a ser o sujeito ativo das denúncias sobre sua condição de discriminado.

Esta segunda fase está marcada, primeiro, com os trabalhos pioneiros de pesquisadores estrangeiros no Brasil. Tem aí o trabalho do professor Roger Bastide, uma influência muito grande nos meios acadêmicos, que até fez com que fossem gestadas algumas linhas de pesquisa no Brasil. O professor Florestan Fernandes faz parte dessa gestação. Tem o trabalho da professora Ruth Landes,

> *uma antropóloga e feminista norte-americana que faz um trabalho sobre as mulheres negras no Candomblé da Bahia, o trabalho pioneiro do Nina Rodrigues, na passagem do século e depois Artur Ramos, Édison Carneiro...*

O teor dos trabalhos de alguns intelectuais apontados por João pode dar-nos pistas a respeito dos valores sobre os quais o Movimento Negro passou a se articular, favorecendo a circunstância que denominei "impacto".

Ruth Landes tem os estudos dirigidos à mulher negra e às especificidades do Candomblé. Roger Bastide voltou-se principalmente às relações raciais, ao folclore e às religiões afro-brasileiras. O traço essencial de sua obra é o estudo da aculturação entre as sociedades ditas "tradicionais" e as sociedades modernas. Florestan Fernandes é considerado o fundador da sociologia crítica no Brasil. Dedicou-se ao estudo de sociedades indígenas, das relações sociais e da educação. Foi um dos pioneiros na denúncia da marginalização do grupo negro após a Abolição. Denuncia, como uma ficção ideológica, a tese de que as relações raciais foram cordiais. Nina Rodrigues foi o pioneiro nos estudos científicos da população afro-descendente brasileira. Estudou a origem, a cultura, a religião e a influência dos africanos e seus descendentes na Bahia, embora defendesse teses racistas. Artur Ramos, discípulo de Nina Rodrigues, destacou-se pela aplicação da psicanálise ao estudo dos fenômenos sociais. Foi um dos pioneiros do estudo das influências culturais exercidas pelos negros africanos no Brasil. Aprofunda, em várias obras, as culturas indígena e africana e o contato entre as culturas européias e a diversidade racial. Édison Carneiro, além de suas atividades jornalísticas, dedicou-se aos estudos das tradições populares e folclóricas do Brasil.

São trabalhos de denúncia do preconceito, da discriminação e da chamada "democracia racial", além de valorização das raízes africanas.

> *Há, também, a emergência do pensamento crítico de negros. Nessa segunda fase, nós trabalhamos na nossa conceituação com duas grandes figuras de contestação, de negação da possibilidade da*

democracia racial no Brasil e de denúncia do racismo. Os trabalhos internacionais e acadêmicos trabalham com a tentativa de evidenciar essas divergências. Agora, no universo da militância, duas figuras materializaram a denúncia do racismo – por um lado havia o trabalho de Solano Trindade, também chamado de Solano "Vento Forte Africano", um homem multimídia e, por outro lado, o trabalho do professor Abdias do Nascimento.

João discorre sobre o trabalho de Solano Trindade.

O trabalho de Solano Trindade é significativamente expressivo. Solano foi teatrólogo, poeta, agitador e organizador cultural. Tinha um conceito que considero muito interessante. Há uma passagem num dos poemas de Solano que diz alguma coisa parecida com "nem todos os negros são meus irmãos e nem todos os brancos são meus inimigos", e nessa frase de Solano está expresso um programa político. Quer dizer, mesmo o negro que está do seu lado também pode ser agente da reprodução da discriminação e da segregação contra o seu próprio povo. Então, parece-nos que esse exercício de Solano tinha mais essa idéia de tentar fazer a vinculação do debate político de combate ao racismo com o debate sobre a organização de classe da sociedade brasileira.

Sobre Abdias do Nascimento:

E o Professor Abdias, sob o nosso ponto de vista, é um outro componente desse mesmo debate. Tem o mesmo mérito, por ter feito a denúncia contra o racismo, tem o mesmo mérito de tentar evidenciar as várias contradições do racismo, de ter evidenciado em seus textos a idéia do genocídio da população negra. Ele tinha outra estratégia que era a de valorizar a presença do negro através da apropriação do discurso do outro. Então, o Teatro Experimental do Negro, *que teve o professor Abdias do Nascimento como figura fundamental, procurava reinventar, reinterpretar, os grandes clássicos do teatro internacional dentro de uma ótica negra. E pareceu-nos uma estratégia eficiente à medida que ajudava na reelaboração desse universo cosmológico, cosmográfico, simbólico, cultural, destruído pela violência racial da escravidão e do racismo daquela época.*

Um grupo denominado La Santa Hermandad, em 1941, formado de poetas argentinos e brasileiros, ao passar por Lima, assistiu à peça de Eugene O'Neill, *Emperor Jones*, na qual o principal papel era representado por um branco maquiado de preto, o que, na época, era habitual. O fato, entretanto, despertou a atenção de um dos componentes do grupo, Abdias do Nascimento. Veio-lhe a idéia de combater essa prática, também comum no Brasil. Em 1944, conseguiu concretizar um projeto, criando o Teatro Experimental do Negro (TEN), visando ir além da finalidade dramática, propondo-se a resgatar os valores culturais afro-brasileiros, desvalorizados e negados pela cultura vigente branco-européia; levar à valorização social do negro por meio da arte e da cultura, favorecendo a essa população a tomada de consciência de sua condição concreta. O TEN dispunha-se, também, a alfabetizar, se fosse preciso, seus participantes, que eram recrutados entre operários, empregadas domésticas, favelados sem profissão definida e modestos funcionários públicos. Buscou, assim, a valorização do negro como ator e como personagem. O TEN passou a exercer uma grande influência em vários estados do Brasil, onde diversos grupos desenvolveram seu Teatro Experimental. Sob o seu patrocínio, em 1945, foi realizada em São Paulo a Convenção Nacional do Negro, preparatória do I Congresso do Negro Brasileiro, em 1950, e a Semana do Negro, em 1955. O TEN, como outros movimentos teatrais de vanguarda, teve muitas dificuldades em sobreviver, pela falta de apoio oficial e pela reação contrária do público, em função das propostas contrariarem as expectativas costumeiras. Apesar de não mais existir o grupo inicial, a partir do TEN, não se vêem mais atores brancos interpretando personagens negros, já há uma razoável expansão de uma dramaturgia para negros, além de toda influência exercida no sentido de valorização do afro-descendente, cujo alcance não é possível estimar. Abdias, com seu TEN, colocou o negro no palco e fez o branco olhá-lo (Mendes, 1993).

Nessa fase do Movimento Negro, foram importantes os Congressos Afro-Brasileiros. A idéia de se fazer o I Congresso Afro-Brasileiro partiu da iniciativa de Gilberto Freyre. Um grande interesse espalhou-se entre os intelectuais da época acerca desse evento, devendo-se sua repercussão ao livro *Casa Grande & Senzala*, no qual há dois capítulos voltados para a participação do negro na vida e na cultura brasileiras.

> *Era um momento importante de agitação e de debate dentro de um mundo que estava próximo da Segunda Guerra Mundial. Nós já havíamos realizado três Congressos Afro-Brasileiros no Brasil – em 1934, Recife (Pernambuco); 1937, Salvador (Bahia); o terceiro, próximo à Segunda Grande Guerra, em Minas Gerais. Nós estávamos passando pela experiência do debate sobre a negritude no mundo. Por exemplo, através de Aimé Césaire[4], Leopold Senghor[5] e outros pensadores negros que viviam na Europa, exilados de seus países africanos e do Caribe. Pensando nesse debate, achamos que o Solano fazia parte um pouco dessa corrente que tentava fazer esse exercício de superação do problema racial com a superação das contradições de classe.*

O I Congresso Afro-Brasileiro foi realizado no Recife em 1934. Teve sua importância pelo caráter científico com bom nível de trabalhos, sua independência e pelo significado para a cultura negra (Braga, 1995). O II Congresso ocorreu na Bahia, em 1937, e representou um momento inicial da discussão mais sistemática sobre o processo de resistência do negro, em Salvador. Além de ter sido um dos mais importantes eventos voltados para o afro-descendente no início do sécu-

---

[4] Nota de João: Aimé Césaire – poeta, escritor, político e militante da "negritude" da Martinica, nascido em 1913. Foi parceiro de Senghor.

[5] Léopold Sédar Senghor, nascido em 1906, o primeiro presidente do Senegal, foi um poeta e intelectual, tendo estudado na Universidade de Paris. Durante a Segunda Guerra Mundial lutou ao lado dos franceses. Trabalhou em favor da independência de seu país e foi o primeiro presidente do Senegal, em 1960. Considerado o principal intelectual da África, publicou poesia, artigos literários e políticos.

lo XX, foi a primeira reação formal de grande significado, trazendo importantes conseqüências para a população negra. Não foi um evento de aceitação unânime, pois alguns setores mais tradicionais temiam que se tratasse de uma atividade de comunistas, mas um evento que deu uma nova configuração aos estudos afro-brasileiros, pois os libertou tanto do exclusivismo acadêmico e cientificista como da folclorização e dos aspectos pitorescos com que essas questões eram muitas vezes encaradas, sem um sentido social mais consistente. Neste congresso foi votada uma resolução, por unanimidade, sobre a liberdade das religiões africanas e outra sobre a criação de uma entidade que congregasse os chefes das comunidades religiosas da cidade e do estado. A partir dessas resoluções foi fundada a União das Seitas Afro-Brasileiras da Bahia. Assim, o congresso da Bahia constituiu-se em debate com dupla fisionomia – popular e científico, cientistas e homens do povo juntos, discutindo as mesmas questões. Um congresso que criou a perspectiva de uma reflexão permanente sobre a cultura afro-brasileira. As pessoas comprometidas com o Candomblé, por intermédio de suas lideranças, encontraram um espaço para reivindicar, das autoridades, maior respeito e liberdade religiosa, pois eram perseguidos e agredidos pela polícia da época. Os Congressos Afro-Brasileiros do Recife e da Bahia foram os eventos que efetivamente provocaram uma luta que se estendeu até os anos 70 na Bahia contra as diversas formas de repressão sobre os candomblés.

É importante acentuar a referência de João sobre o fato de os negros, já na época da escravidão, virem desenvolvendo movimentos de resistência contra a opressão sofrida. Tal situação vai contra a idéia generalizada de o escravo ter sido totalmente submisso à sua condição.

> *O professor Clóvis Moura trabalha com um conceito que, sob nosso ponto de vista, é bastante importante para entender-se a dinâmica da luta racial no Brasil. Há uma parte em que ele sintetiza um conceito chamado* quilombagem, *diferente do conceito de* quilombismo, *do professor Abdias do Nascimento. E por que a gente considera um conceito interessante? Na concepção de Clóvis*

Moura, mesmo as ações políticas não conscientes dos negros escravizados ajudaram a desgastar o estatuto da escravidão. Por exemplo, as ações de bandidagem, o banditismo pessoal, o banditismo coletivo, os grandes quilombos, os pequenos quilombos, as grandes revoltas, as pequenas revoltas, as revoltas eminentemente organizadas por escravos ou alforriados, ou participantes de ações políticas mais amplas, como os movimentos de independência que ocorreram naquele período.

Quilombagem, termo usado por Clóvis Moura (1988), refere-se à insurgência escrava. As constantes lutas dos escravos não chegaram a modificar a estrutura, com a criação de um novo modelo de ordenação social, porém foram fator de constante desgaste do sistema, nos aspectos econômico, político e psicológico. O desgaste econômico pode ser compreendido se atentarmos para o fato de o escravo fugido corresponder a um patrimônio perdido pelo senhor, a um patrimônio que produzia valor com seu trabalho, além das despesas realizadas com sua captura. Conforme Moura, é um montante que não foi possível quantificar, porém, sabe-se que foi significativo e que onerava sobremaneira a produção. Além dessas despesas que ficavam sob a responsabilidade dos senhores, havia despesas por parte do aparelho de Estado. Muitas vezes o prejuízo ampliava-se pela destruição, pelo escravo, da propriedade e da lavoura do senhor. O desgaste político configurava-se em um receio permanente da classe senhorial pela propagação da rebeldia e insubmissão, pois, com tais atitudes, os negros davam demonstração clara de que havia soluções alternativas para o sistema escravista, principalmente com a formação de quilombos – a formação de unidades independentes nas quais o trabalho escravo não era praticado. O exemplo de Palmares e sua organização política era visto com muita apreensão pelas autoridades coloniais e imperiais. O desgaste psicológico configurava-se, por parte da classe senhorial, durante toda a escravidão, em constantes medidas repressivas e brutalidade voltadas contra os negros. Estes fatos podem ser mais bem compreendidos com base nas estatísticas realizadas no ano de 1824 – para uma população branca de 192.000 pessoas havia uma grande massa de não-brancos, incluindo os índios, de 666.000 pessoas, portanto, um número imenso de pessoas submetidas e controladas por um número três vezes menor.

> *Então, segundo Clóvis Moura, a quilombagem daria conta de discutir teoricamente essa presença mais eficiente de denúncia da suposta democracia racial no Brasil naquele período e também colocava o negro como sujeito de uma ação política concreta. Então, sob o nosso ponto de vista, a segunda fase caracteriza-se como a denúncia desse mito da democracia racial.*

Podemos identificar que, através de trabalhos acadêmicos, como os de Florestan Fernandes, Bastide, Moura e Landes, de trabalhos mais ligados a movimentos culturais, como os de Solano Trindade e Abdias do Nascimento, de três Congressos Afro-Brasileiros, a crença em uma "democracia racial" foi sendo demolida, criando um terreno favorável à conscientização e valorização, por parte da população negra, de suas matrizes africanas.

Assim, as situações, vividas pessoalmente, como a de João no ônibus, quando criança, ou o confronto com os dados históricos, como a visita ao Mercado Modelo, além das vozes de outros companheiros, criam as possibilidades de impacto favorecedor de uma metamorfose nas relações com o mundo.

Existem mudanças pessoais decorrentes de experiências vividas em um plano subjetivo. Existem mudanças pessoais em função de movimentos grupais. Ocorrem mudanças grupais em função de alterações socioculturais e políticas, além das metamorfoses individuais nas pessoas que compõem tais grupos. É uma dinâmica de transformação em que grupo e indivíduo influenciam-se mutuamente em um constante processo de retroalimentação.

João, o caminhante, depara-se com veredas inóspitas, das quais ainda não havia se dado conta.

João e o estágio de militância

Após o período conflitivo, no qual o afro-descendente vê sua estrutura de subjetividade desarticular-se, inicia-se, através da militância, um processo de intensa metamorfose pessoal, propiciando o desenvolvimento de uma nova estrutura pessoal referenciada em valores etno-raciais africanos. Em tal fase, há a tendência de o indivíduo branco ser desconsiderado e de o negro ser visto como superior.

É o período que denominei estágio de militância, no qual a pessoa adentra no mundo negro, pela participação em grupos nos quais seus valores são intensamente afirmados. O grupo tem uma importante função no apoio ao indivíduo, valorizando novos códigos e padrões de comportamento. É comum o desenvolvimento de posturas radicais em relação a outros grupos. Buscam-se estratégias de combate à discriminação racial, movimentos de valorização da cultura negra e em torno de expressões artísticas relacionadas ao tema. É um mergulho na negritude. O indivíduo vivencia um desenraizamento, comumente acompanhado de ressentimentos, passando a suprimir a denominação "preto", "de cor" ou "pardo" como auto-referência, preferindo ser referenciado como "negro". É uma busca de referências não carregadas de conotações negativas e a preferência, por um ou outro termo, depende da história particular e do contexto regional da pessoa.

Pode-se entender a importância da participação em grupos organizados, pois o militante tem a chance de recuperar os valores da cultura e da história do negro.

Dentre os vários grupos de militância de João, no desenvolvimento de sua identidade atual, o primeiro mencionado por ele é a *Unegro*.

> *Mas qual foi a marca singularizadora da* Unegro*? Nós apresentamos, no final dos anos 80, uma idéia geral de que, em função dos dados objetivos que se tinha, através dos índices de mortalidade, desemprego, havia uma articulação de fatores que levava à eliminação física da população afro-descendente. Então, nós trabalha-*

> *mos muito com esses dados, participamos de uma campanha "não mate nossas crianças". A nossa idéia era a de pensar um projeto político que levasse em consideração não só o discurso racial construído nos últimos anos mas também um discurso político mais amplo.*

João chama nossa atenção para o fato de que os movimentos negros transformam-se e ressalta algumas das especificidades de seu atual grupo de militância – a proposta de um projeto político mais amplo, a partir do discurso racial construído nos últimos anos e dos dados disponíveis que constatam a eliminação física dos afro-descendentes.

A situação pontuada por João parece persistir até hoje.

Uma recente reportagem da *Folha de S. Paulo*, baseada em um estudo do IBGE, mostrou que a taxa de mortalidade entre crianças afro-descendentes é dois terços superior à da população branca da mesma idade, isto é, até os cinco anos a criança afro-descendente tem 67% mais chance de morrer do que a criança branca (Toledo, 1998). Esse problema ocorre em todas as regiões do Brasil, em maior ou menor proporção, porém o risco de morte dessas crianças é maior em todas elas. No Sudeste, região economicamente mais desenvolvida do país, a discrepância chega a seu ponto máximo: a mortalidade da criança afro-descendente é 71% maior do que a da criança branca. Poderíamos, talvez, perguntar-nos se tais taxas não decorrem das condições sociais precárias e não estão relacionadas a aspectos etnoraciais. Entretanto, de acordo com o demógrafo do IBGE, Celso Simões, citado na reportagem, a pobreza perpassa as questões sociais e raciais, de tal forma que, mesmo entre os pobres, a taxa de mortalidade do afro-descendente é maior. Eles acumulam o peso de duas segregações, a da cor e a da renda.

Vejamos um outro grupo de militância de João:

> *Faço parte de um grupo de capoeira chamado* Cativeiro. *O grupo de capoeira* Cativeiro *surge num momento de reorganização do Movimento Negro no Brasil. Surgiu em 1978, aqui em São Paulo.*

Foi uma proposta de cinco mestres de capoeira. O objetivo do grupo era desenvolver um projeto negro/popular para a capoeira, resgatando o legado dos grandes mestres do passado – mestre Waldemar da Liberdade, João Grande, João Pequeno, mestre Pastinha, mestre Bimba. Trabalhar com esse legado negro popular da capoeira, em oposição ao legado positivista do final do século passado de caráter branco/erudito, e o de ser um esporte nacional. Nós temos trabalhado com essa visão na capoeira.

Novamente, ao mostrar quem é, João aponta outro lugar em que sente-se instalado, outro grupo de pertença, o grupo de capoeira *Cativeiro*, no qual suas raízes africanas são afirmadas. Para Ribeiro (1997), na capoeira, por intermédio de seus mestres, são preservadas a história e a cultura africanas. Por exemplo, a Associação Brasileira de Capoeira Angola, honrando a memória de Mestre Pastinha, reúne um grupo expressivo de mestres, muitos dos quais, por iniciativa própria, na maioria das vezes sem nenhum apoio oficial, desenvolvem projetos educacionais para crianças e jovens de baixa renda. É um espaço onde são estimulados sentimentos de solidariedade e valoradas positivamente as matrizes africanas. Araújo (1997) argumenta que a capoeira não pode ser vista como uma manifestação homogênea, pois passou por um processo de cisão. Desta cisão resultaram atualmente pelo menos dois estilos, ou escolas, apresentando compreensões distintas quanto aos aspectos corporais, musicais, quanto aos rituais e discursos, extrapolando as fronteiras dos grupos étnicos envolvidos, além de estarem presentes em diversas camadas sociais e em diversos países, através de diferentes formas de expansão, ora vistas como luta marcial e esporte nacional brasileiro, como a Capoeira Regional, ora calcadas em recortes de resistência negra africana, como a Capoeira Angola.

João participa de outro grupo ligado a matrizes africanas:

Sou diretor do afoxé Ilê Omo Dada *que significa "filhos da coroa de Dadá". O afoxé* Ilê Omo Dada *é uma extensão brincante carnavalesca do candomblé. Foi uma experiência que os negros iorubás nagô desenvolveram no Brasil a partir de 1835, em Salvador, e a idéia fundamental é poder apresentar para a população, a população não iniciada na religião, aspectos dessa cultura. Por exemplo, cada ano a gente apresenta na abertura do carnaval um tema vinculado a um orixá. Esse ano, por exemplo, foi Oxumaré. Então, a gente apresenta quem foi Oxumaré, quais são as cores características desse orixá, a cantiga que a gente põe para cantar na avenida é cantada parte em iorubá e parte em português... Então, por exemplo, Oxumaré... a gente tem muita dificuldade de informação sobre esse orixá no Brasil. As pessoas acham, por exemplo, que é um orixá metade masculino e metade feminino. Então nós trouxemos o enredo mostrando que ele era um babalaô. Portanto ele é um orixá masculino. A idéia é de que essas pessoas possam ter essa informação, mesmo não sendo iniciadas. Eu me realizo nessas entidades.*

O afoxé é um rancho negro do carnaval da Bahia. Durante os desfiles, seus participantes entoam canções em língua africana, geralmente em nagô. Percebe-se, pela própria narrativa de João, como o afoxé é um espaço em que as matrizes africanas são retomadas e valorizadas, apresentando um aspecto didático, pois são mostradas ao povo as qualidades da cultura nagô.

Na última frase, resume a importância de sua participação nesses grupos. São os lugares onde sente que encontra sentido, realiza-se. Cabe acompanharmos o discurso de João para percebermos melhor o processo pelo qual cria sentido e como essa realização se dá.

E como a gente tentava construir essa idéia de conceito negro? Onde tinha negro organizado a gente atuava. Como, por exemplo, um dos centros de atuação que eu tive naquela época era o Grêmio Recreativo Cultural de Escola de Samba Vai-Vai. *Por que o* Vai-Vai*?* O Vai-Vai *tem uma singularidade. É uma escola de samba, a única que resistiu a esse processo de segregação para a periferia de São Paulo. É a única escola que está no centro de São Paulo. E isso dá a ela algumas características – a única escola para onde vêm pessoas de todos os cantos da cidade. Segundo, quando a* Vai-Vai *surge, ela tenta ser um projeto de reinvenção da cultura banto* *em São Paulo. Alguns negros, que na época não eram tão miseráveis e tinham um certo padrão de vida de classe média baixa, organizaram uma associação chamada* Cai-Cai. *No início, ela tinha por objetivo organizar bailes, pois tinha poucos bailes para negros na época, e organizar atividades brincantes, como o carnaval. A história da* Vai-Vai *vincula-se à questão negra em São Paulo. E um aspecto que me chamava muita atenção é que a* Vai-Vai *ainda é um grande espaço, um grande espaço quilombola*[6] *em São Paulo. Esse período de carnaval, por exemplo, deve ser uma das festas de expressão negra mais populares de São Paulo.*

Aqui, João nos ressalta um outro lugar de pertença – a escola de samba –, um lugar onde suas matrizes africanas e a identidade etnoracial são afirmadas. É importante sua ênfase sobre a qualidade do espaço da escola de samba como um lugar de resistência contra o preconceito e a discriminação raciais, não somente como um lugar ligado a puro divertimento – como ele mesmo define, um espaço quilombola.

É esclarecedora a visão de Moura (1988) sobre as escolas de samba, relacionando o seu desenvolvimento a aspectos da história do Brasil. O nascimento, o desenvolvimento e as transformações sofridas pelas escolas de samba, referindo-se às escolas cariocas, devem ser estudados como grupos de resistência negra que, aos poucos, com a injeção de valores brancos, foram se transformando apenas em grupos diferenciados.

O afro-descendente morador dos morros, cuja situação concreta era de marginalidade, passou a organizar-se, pois tinha que sobreviver e desenvolver atividades que o tirassem do estado de anomia no qual fora colocado. A música popular do morro, o samba, com o objetivo da festa do asfalto, o carnaval, serviram de elementos aglutinadores para a organização das escolas de samba. Elas tinham, em seu início, a função de lazer, porém foram importantes para favorecer a participação de diversos segmentos da comunidade do morro.

---

[6] Designação comum aos escravos refugiados em quilombos.

Assim, no desenvolvimento das escolas formaram-se grupos hierarquizados, com vários grupos de trabalho a eles subordinados, como desenhistas, costureiras, decoradores e músicos, voltados todos a uma meta comum – a apresentação da escola no carnaval. Na hierarquia interna, surgiu o mestre-sala, a porta-estandarte, que adquiriram *status* específico dentro da organização. Um aspecto importante é o fato de as escolas de samba terem surgido como um ato de afirmação de uma contracultura oposta à cultura estabelecida. Representavam, de forma simbólica, por meio dos sambas-enredo, da coreografia, das alegorias, os valores do morro. Para Moura (1988), quando as pessoas se apresentavam no asfalto, realizavam simbolicamente o seu desejo de participação social e impunham sua presença.

> Todos aqueles que olhavam o negro do morro como desordeiro, viam-no organizado; os que o tinham como analfabeto e ignorante, ouviam e aceitavam os seus sambas-enredo. Por outro lado, as instituições ou órgãos que o oprimiam e/ou perseguiam, no morro, agora estavam a seu serviço; a mesma polícia que prendia, abria alas para que a escola desfilasse. (p. 143)

O carnaval era, assim, sociologicamente, mais do que uma festa de integração, era um ato de afirmação negra. As situações se invertiam e o negro do morro adquiria, simbolicamente, um *status* diferente. Durante quatro dias, apoderava-se da cidade. Um momento de afirmação social, cultural e étnica.

João, em seguida, ressalta a importância de certos grupos, muitas vezes vistos como simples associações de protesto de adolescentes da periferia, como espaços em que as matrizes africanas são também afirmadas:

> *O movimento tem sido mais sábio do que a academia nesse sentido. Por exemplo, entre o movimento* Hip Hop *é comum você ouvir os jovens dizerem assim: "nós não somos 'negros', nós somos 'pretos'. Negro é um conceito que o escravocrata construiu, inven-*

tou"... e essas coisas todas tal... o que reflete um certo nível de consciência, de organização e ação política desse grupo. É legítimo porque mobiliza.

Andrade (1997) apresenta um trabalho muito esclarecedor acerca do movimento citado por João. O *Hip Hop*, denominado *cultura de rua*, é um movimento social, urbano, desenvolvido por uma juventude pobre e excluída.

Hip significa "balançar" e o *Hop* significa "'quadril". A expressão *Hip Hop* está associada a três elementos artísticos: o *grafite* (a pintura realizada nas ruas); o *break* (dança surgida nos guetos americanos pós-guerra do Vietnã); o *rap* – iniciais da expressão *rithm and poetry* (uma adaptação do canto falado na África Ocidental à música jamaicana dos anos 50).

Os jovens do movimento *Hip Hop* desenvolvem um estilo peculiar de vida, possuem rituais específicos, roupas e dialetos próprios, reunindo-se em gangues e "posses" (reunião de vários grupos de *rap*).

O movimento *Hip Hop* surgiu nos guetos de Nova York, entre os jovens negros e hispânicos, na década de 70. A mais famosa organização foi a *Zulu Nation*, com 10.000 membros em todo o mundo. A partir das condições de humilhação às quais o negro era submetido e da precária situação social, os jovens encontraram na rua um lugar onde podiam expressar-se através da arte e ligar-se a seus pares. Havia um terreno para este movimento desenvolver-se – a prática política de Martin Luther King Jr. e do muçulmano Malcolm X, ambos incentivando a auto-estima negra e proporcionando as bases de uma organização negra; os *black panthers*, uma verdadeira organização negra enfrentando o poder político excludente dos EUA.

No Brasil, o *Hip Hop* desenvolveu-se no início da década de 80, quase dez anos após sua fundação em Nova York. Foi um momento de transição, em que a conjuntura política, econômica e social estava em crise, acompanhando a transição da ditadura militar para o Estado democrático, paralelamente ocorrendo uma crise de valores e de novas utopias, época em que apareceram os *punks*, os carecas do subúrbio e os *rappers*. O movimento surgiu na capital paulista. Em seu início, não era um movimento unicamente negro, dele participando também jovens brancos, mestiços e orientais. A juventude da periferia de São Paulo, desde a década de 70, vinha articulando-se em torno do movimento *black-soul*. Nascia uma forma de resistência negra. Com esse novo mercado, surgiram casas de discos e de artigos específicos voltados para o mundo negro. O movimento *black-soul* foi gradualmente sendo substituído pelo *funk*, pelos *breakers*, emergindo daí o movimento *Hip Hop*. Os jovens desse movimento articulam-se em torno de tarefas que podem ser agrupadas em três modalidades: a) de caráter artístico, visando o aperfeiçoamento da pintura, da dança e da música, além de buscarem a expressão pública dessas manifestações; b) comunitárias – em que os participantes, por exemplo, através de espetáculos, angariam agasalhos; e c) políticas – participação em encontros e reuniões de sindicatos, partidos políticos e entidades de movimento negro.

Amaral (1998), em uma interessante reportagem, levantou algumas características das "posses" a partir de entrevistas com os próprios participantes. Ressalta a importância de tais grupos para a conscientização da juventude negra em relação à discriminação racial sofrida e mostra a preocupação desses jovens quanto às suas matrizes africanas. Nas reuniões, além da música e da pintura, sistematicamente são discutidos assuntos referentes à origem africana, discriminação e preconceito raciais. Neste sentido, é um movimento que tem modificado o comportamento de vários jovens afro-descendentes, favorecendo sua auto-estima, incentivando sua escolarização, além de afastá-los do mundo da violência e das drogas.

O Movimento Negro, em sua segunda fase, teve a função de criar impacto, no sentido de denunciar a discriminação. Em uma terceira fase buscou desenvolver novas forma de atuação, principalmente no sentido de superar, efetivamente, os desníveis das condições dos negros em relação às dos brancos. Este processo deu-se a partir de exemplos internacionais.

Ouçamos a descrição de João sobre alguns aspectos históricos.

A grande terceira fase a gente caracteriza como fundamento para a criação do Movimento Negro Unificado, *em 1978. Na grande segunda fase, a idéia central era de se eliminar de vez esse mito da democracia racial e de se pensar num projeto político de participação. Nessa terceira fase, nos anos 70, nós já tínhamos passado por uma série de experiências nacionais e internacionais – nos Estados Unidos, a concretização dos movimentos dos direitos civis, desde o movimento do Dr. King; também a emergência da nação do Islã como um grande segmento de ação política nos Estados Unidos daquela época; os* "black panthers" *com um projeto político muito bem definido do ponto de vista da participação política do negro no redesenho da democracia nacional americana. Nós tínhamos concluído, nessa fase, na primeira metade dos anos 70, as lutas de independência na África, como em Angola e Moçambique. Tudo isso teve um impacto muito forte na organização política do Movimento Negro no Brasil.*

É interessante observar que ele, ao referir-se aos diversos movimentos negros, nacionais ou internacionais, usa o pronome "nós", incluindo-se, sugerindo sentir-se instalado, não só em lugares próximos dele, mas em uma rede mais ampla de afro-descendentes, em termos mundiais, revelando uma identidade articulada em uma grande rede. Ribeiro (1997) cita o trabalho de alguns antropólogos da Universidade de Minnesota que, a partir de 1970, passaram a ocupar-se do estudo de grupos de escala mundial, denominados *networks* (redes de conexões). São grupos de indivíduos, ou redes, geograficamente distantes, que estabelecem conexões entre si. Estabelecer conexões significa manter contatos a distância e ganhar consciência de pertença a um grupo de grande porte, sem, muitas vezes, ver os rostos dos próprios pares.

João, em sua narrativa, dá ênfase ao americano Martin Luther King Jr., um grande militante negro. Sua trajetória foi a de um líder, primeiramente mobilizado pela causa negra, passando a articular-se com causas mais amplas, fato pelo qual foi severamente criticado. Sua trajetória pessoal reflete o movimento de um estágio de militância para outro, o estágio de articulação.

King, pastor religioso e um dos principais líderes do movimento dos direitos civis americanos, foi proeminente defensor da resistência não violenta contra a opressão racial. As idéias de Gandhi em relação ao nacionalismo indiano tornaram-se o núcleo de sua própria filosofia de não violência.

Em 1954, quando pastor de uma igreja batista no Alabama, King foi convidado a liderar um boicote organizado pelos líderes negros da comunidade em protesto contra a segregação racial nos transportes públicos e a prisão de Rosa Parks, uma mulher negra que tinha recusado dar seu lugar em um ônibus a um passageiro branco. King foi preso, teve sua casa destruída, além de sofrer diversas ameaças de morte. O boicote terminou em 1956, em razão de um mandato da Suprema Corte que abolia toda a segregação nos transportes públicos da cidade. O boicote de Montgomery foi uma clara vitória do protesto não violento e King emergiu como um dos maiores e mais respeitados líderes do movimento contra a segregação racial.

Em 1960, passou a ter uma participação mais efetiva como líder nacional no nascente movimento dos direitos civis. Neste momento as lideranças negras vinham sofrendo uma transformação radical. As diferenças de ideologia tornaram-se inevitáveis. Vários grupos passaram a exigir mudanças por qualquer via possível, contrapondo-se à proposta de não violência de King. Apesar de sua proposta não ser mais compartilhada por todos, permanecia como o modo de resistência oficial.

A partir de 1963, passou a liderar campanhas maciças voltadas para os direitos civis, organizando passeatas que exigiam direitos eleitorais, a eliminação da segregação, melhoria na educação e melhores condições de habitação para os negros. Durante essas campanhas não violentas foi preso diversas vezes. Em 1964, foi ganhador do Prêmio Nobel da Paz.

Com a passagem do tempo, King tornou-se cada vez mais sensível às diferentes formas que a violência vinha tomando. Finalmente, passou a entender que a Guerra do Vietnã tornava menores os problemas de relações humanas locais. Suas estratégias foram drasticamente alteradas e ele passou a sofrer muita oposição. Muitos negros reclamavam que seus problemas deveriam ser priorizados e que King deveria concentrar sua estratégia contra as injustiças em sua própria casa. Apesar de tal pressão, no início de 1967, associou-se ao movimento contra a guerra e aos líderes nacionais brancos. Sua liderança passou a ser questionada e, em 4 de abril de 1968, foi assassinado.

A própria morte de King ressalta a dificuldade, da pessoa mergulhada em um estágio de militância, em aceitar idéias diferentes das suas. King, já se articulando com lideranças diversas, inclusive brancas, como se dá no estágio de articulação, sofreu uma intensa oposição dos militantes negros. Como já discuti, é comum a pessoa, no estágio de militância, desenvolver uma série de posturas defensivas, de negações e exclusões ante idéias divergentes.

Tais dificuldades, no lidar com as divergências e com a população branca, nesse estágio, podem ser identificadas em João, em muitos momentos da entrevista. Ele revela seu incômodo com a participação de determinadas pessoas brancas em grupos de valorização de matrizes africanas.

> *O que eu sempre respeitei é o fato de a pessoa não querer se fantasiar de negro. Eu acho que não tem problema algum a pessoa que entra no movimento, que quer dar uma contribuição, chegar como branco, não se fantasiando, não querendo assumir determinadas posturas porque acha que seria politicamente correto. Esse tipo de coisa também me deixa muito irritado, acho que em função de toda essa prática. Eu acho que a luta anti-racista não é um privilégio de afro-descendentes, ou de negros, ou de pretos, seja lá o que for, mas é uma necessidade política do Brasil, de todo o mundo. Por exemplo, uma vez, numa roda de capoeira, uma menina jovem... uma menina branca... dizia:*
> *– Não, mas o mestre Bimba foi um traidor, porque o mestre Bimba conceituou a capoeira regional dentro de um conceito não negro. Porque o mestre Bimba, o mestre Bimba...*
> *Eu disse: "Espera um pouquinho. Eu acho que você não tem a cor certa, não tem a idade, não tem a experiência, não tem o tempo de jogo, não tem a prática de roda de capoeira necessária para falar mal do mestre Bimba".*

Eu não gosto de ver pessoas que chegam no universo da capoeira querendo ser mais tradicionalistas. Pessoas brancas, de classe média, que chegam com seus carros, serem mais tradicionalistas do que aquelas pessoas que transformaram a capoeira na sua vida... Ou então no candomblé, quando chegam pessoas brancas e acham que são mais tradicionalistas do que os negros...

Vejamos uma situação acadêmica:

Recentemente eu vi um debate em que um grupo de, entre aspas, pesquisadores sobre a questão racial, professores, iniciados na África, sentiram-se no direito de criticar pessoas que mantiveram a tradição dos orixás no Brasil, apontando que elas cantavam errado, que faziam isso e aquilo errado... Esse tipo de coisa eu não admito. Esse tipo de coisa não é uma coisa que eu tolere porque parece-me que é uma reprodução da arrogância dos ilustrados dentro de um espaço que, bem ou mal, foi preservado, mantendo-se a tradição, mantendo-se a cultura, mantendo-se a resistência afro-descendente. Isso ainda me deixa muito irado. Na própria universidade, eu acho que não é um privilégio só de negros discutir e pesquisar a questão racial. Mas eu não gosto quando vejo pesquisadores brancos, nessas experiências realizadas na universidade, de recuperação conceitual da capoeira, de recuperação de vários elementos importantes da religiosidade, às vezes tratando do tema com uma superficialidade monstruosa, sentindo-se no direito de se considerarem acima da crítica do bem e do mal e que acabaram até criando campos paradigmáticos de pesquisa sobre a questão racial no Brasil. Críticas rasteiras a pesquisadores negros me deixam muito irritado. Eu acho que você não pode fazer o exercício da tolerância à mediocridade. Mas, se existe quem pode errar são os negros! O que não se pode é perpetuar esse erro. Os negros podem errar... ainda têm esse direito de errar... o que não podem é perpetuar esse erro. Eu acho que isso é fundamental para você reinventar um país.

"Mas, se existe quem pode errar, são os negros." Esta é uma frase que, de acordo com os objetivos dos próprios militantes, pode parecer, no mínimo, incoerente. Trata-se da mudança de uma fase de intransigência, denominada por João, de "época da inocência" e, por mim, de estágio de submissão, para uma fase de tolerância?

Entendo ter tido o afro-descendente, historicamente, condições adversas para seu desenvolvimento pessoal, talvez merecendo uma possível compensação, meta das políticas de ação afirmativa, apontadas no capítulo seguinte. Entretanto, alimentar uma tolerância, como a sugerida por João, pode ser um precedente perigoso, pois pode favorecer a manutenção de uma imagem de um indivíduo "sujeito a erros", a serem admitidos em razão de sua história, imagem que o próprio afro-descendente quer e deve eliminar.

João sugere uma nova transformação do Movimento Negro, na direção de uma maior abrangência de pessoas, a partir de uma nova concepção de identidade, a de afro-descendente, e de preocupações políticas mais amplas.

> *E nós, da* Unegro, *achamos que estamos na fase, na iminência de ruptura com essa terceira fase – de ingressar numa quarta fase que se caracteriza, fundamentalmente, por um projeto político de inclusão radical da grande maioria de afro-descendentes. Depois eu quero explicar o porquê do conceito de afro-descendentes e sua influência no exercício da cidadania. Do nosso ponto de vista isso implica em mudanças significativas na estrutura econômica política social do Brasil, ou seja, na dinâmica econômica política social do Brasil que foi desenvolvida nesses últimos quatrocentos e poucos anos, com pequenas mudanças ou alterações. É uma dinâmica de concentração de renda, cultura e poder na mão de uma pequena elite, fundamentalmente identificada com conceitos civilizatórios europeus. Do nosso ponto de vista, esse modelo está falido e precisa ser transformado radicalmente, estruturalmente.*

João, o caminhante, mostra alguns dos vários caminhos percorridos na viagem e vislumbra algumas veredas promissoras.

João e o estágio de articulação

Após o desenvolvimento de uma identidade afrocentrada, o indivíduo, tendo o grupo negro como referência, torna-se menos defensivo, passando a referenciar-se em matrizes africanas e não mais no preconceito, determinante de uma postura "contrária" aos valores branco-europeus. O estágio de articulação é a fase de dissolução do conflito, anteriormente gerado pela inclusão de valores etno-raciais distintos na construção da subjetividade, tornando a pessoa mais aberta à visão do outro.

O Movimento Negro, na visão de João, passa por uma quarta fase, na qual são desenvolvidos projetos políticos dirigidos a transformações estruturais na sociedade como um todo, e voltados para a inclusão da maioria dos afro-descendentes. Ele associa tal fase à construção do conceito de identidade, além de descrever três tipos de segmentos voltados para tais transformações.

Quando se refere ao Movimento Negro, fala também em seu nome. Em muitos momentos de seu discurso, torna-se difícil ver João separado do grupo no qual se insere. Percebe-se isso pela maneira de usar o pronome pessoal. É comum utilizar-se do pronome "nós", indicando sentir-se instalado no grupo – ele e o grupo em mútua constituição.

> *Estamos entrando numa quarta fase decisiva de combate político e de transformações políticas. Um grande elemento tem impulsionado minhas preocupações nos meus estudos que faço na universidade – pensar-se num conceito de identidade capaz de forjar não mais essa minoria transformadora, mas a maioria que luta pela reivindicação social. A experiência que temos tido no Movimento Negro nesses últimos tempos deu-se, em especial, a partir do* Encontro Nacional de Entidades Negras *(ENEN) para cá. Do nosso ponto de vista, o ENEN tem uma singularidade na estrutura política do Movimento Negro. Foi o primeiro grande movimento no Brasil pós-Abolição, insisto nisto, que conseguiu agrupar cerca de 700 entidades, mais de 1.200 militantes, diversos segmentos religiosos, políticos, sociais e sindicais, que aprovou uma resolu-*

ção acerca da impossibilidade da consecução dos Estatutos da Cidadania da População Negra nos marcos da sociedade brasileira contemporânea. Foi a primeira vez que isso aconteceu. Algumas organizações fizeram isso em seus congressos, mas não como um conjunto de entidades e com uma resolução. Infelizmente, essa resolução perdeu-se, pelo fato de não ter sido bem elaborada em nenhum material, até pelas próprias condições de absoluta falta de infra-estrutura na qual o encontro foi realizado. Mas isso criou o que nós chamamos de um campo político no Movimento Negro. O ENEN foi realizado em 91, aqui no Ginásio do Pacaembu. E nós passamos a atuar, a partir de 91, dentro desse campo que, no nosso ponto de vista hoje, é um campo bastante heterogêneo, bastante contraditório, mas é um campo possível de atuação. Nós avaliamos que hoje atravessamos uma situação que tem três grandes segmentos políticos de luta contra o racismo opressor no Brasil. Um primeiro é o que nós chamamos das entidades do Movimento Negro – campo formado via ENEN, cujo conceito de identidade é muito amplo. Foi um conceito reinventado pela própria militância. Esse segmento é formado não só pelas entidades especificamente políticas – Unegro, MNU, *mas também pelas casas de Candomblé, os grupos de capoeira. Quer dizer, fazem parte desse segmento todos os núcleos que concentram negros, como as escola de samba, os grupos que concentram pessoas que se definem como afrodescendentes, todos eles na luta contra o racismo e a discriminação racial.*

Aqui, João usa uma categoria de identidade de maior abrangência para definir as pessoas incluídas nos projetos de transformação – o afro-descendente – que, necessariamente, não inclui somente negros.

Ao lado disso, atuam as organizações não-governamentais, que a gente chama, ironicamente, de Negrongs, *as organizações não-governamentais negras. É um fenômeno dos últimos dez anos. Elas surgiram fundamentalmente dentro de uma perspectiva de trabalho de substituição do Estado naquelas áreas em que o Estado começou a abrir mão. Por exemplo, na área de saúde da mulher ne-*

> *gra, na área de educação da juventude, na área de organização política da juventude, dentre outras. E hoje esse campo está criado. Independente de nossa vontade, existe um campo de atuação das* Negrongs *no Brasil.*

Nessas organizações, percebe-se a propagação dos movimentos negros para um sentido político e social, não se reduzindo somente à busca de superação do preconceito racial mas, sim, à melhoria do bem-estar social.

> *O terceiro componente é formado pelas instituições, também fenômeno dos últimos dez anos, que começaram a surgir ligadas a governos municipais, estaduais e federal como, por exemplo,* o GTI *que é o* Grupo de Trabalho Interministerial. *Como ele, existe o* Conselho da Comunidade Negra, *em São Paulo e outros lugares do Brasil – como Rio de Janeiro e Salvador. Têm a função de pensar projetos políticos por meio do Estado, com o objetivo de promover condições melhores para a população afro-descendente.*

Neste terceiro componente podemos sentir a ação dos grupos ampliando-se, articulando parcerias no nível de representação político-governamental, legitimando as reivindicações.

Assim, percebe-se que o movimento de valorização das matrizes raciais e étnicas encontra-se articulado em torno de várias frentes: as entidades do Movimento Negro, tanto políticas quanto religiosas e culturais; as organizações não governamentais e as organizações governamentais. Todas elas, a longo prazo, buscam formular políticas compensatórias e favorecer o desenvolvimento social e econômico dos afro-brasileiros.

Um exemplo é o Grupo de Trabalho Interministerial, criado pelo presidente da República em 1996, visando, conforme Ribeiro (1997), o desenvolvimento de políticas públicas com a função de sugerir ações de valorização e de apoio a ações da iniciativa privada voltadas para a discriminação positiva do afro-descendente, a criação de um banco de dados reunindo informações sobre a situação dos direitos civis, políticos, sociais, econômicos e culturais dessa população na sociedade brasileira, o que possibilitará o futuro desenvolvimento de políticas de ação afirmativa voltadas para essa comunidade.

João, em boa parte de sua narrativa, volta-se para a discussão do conceito de identidade que vem sendo formulado, ao longo dos anos, pelos grupos do Movimento Negro. Apesar de ser uma questão menos enfatizada atualmente, ressalta a importância desse conceito, pois dele decorrem as formulações e o alcance das ações políticas voltadas à transformação da estrutura econômica e social e sua resultante influência no exercício da cidadania.

A conceituação de identidade é um exercício político fundamental.

> *Do nosso ponto de vista é o debate mais contemporâneo que deve ser feito. Levando-se em consideração que o conceito de identidade está diretamente vinculado à extensão do projeto político que você tem por aí.*
>
> *O negro no* Movimento Negro Unificado *tem essa intenção – a de eliminar o mito da democracia racial, mostrando que ele era uma falsidade ideológica por parte do regime, que havia grandes desníveis nas condições de vida de negros e brancos no Brasil e buscava pensar num projeto de superação disso. E quais são suas características? Os conceitos que nós trabalhamos hoje são fundamentalmente construídos nesse período – o conceito de negritude[7], de identidade, de participação política. Então, parte do caldo comum de reelaboração disso, dos movimentos políticos sociais pelo mundo afora e, em especial, o norte-americano, toma parte nesse legado teórico conceitual do movimento negro norte-americano.*
>
> *O movimento negro norte-americano sempre trabalhou com o conceito de minoria. Os negros representam cerca de 12% da popula-*

[7] O termo, "negritude", passou a ser utilizado pouco antes de 1935, em textos de Léopold Senghor, do Senegal, e Aimé Césaire, da Martinica. Senghor considerava essa expressão como denotando o patrimônio cultural, os valores e o espírito da civilização africana negra. Para Césaire, significa o reconhecimento de um fato, acarretando não só a aceitação como a assunção ativa do destino e da cultura do negro.

ção norte-americana. Dá cerca de trinta e poucos milhões... entre trinta e quarenta milhões... Mas sempre trabalhou com essa idéia de minoria.
De uma certa forma, esse debate foi reproduzido no Brasil. Trabalhava-se, de uma certa forma, com a idéia da minoria e disso advém uma série de outras circunstâncias estratégicas, táticas e de ação política. Temos algumas críticas como, por exemplo, essa idéia de minoria, tanto do ponto de vista sociológico como do ponto de vista político. Esse conceito nós o absorvemos, reinventamos, reaclimatamos...

A concepção de identidade usada pelos movimentos negros brasileiros, para João, vinha pautando-se na conceituação norte-americana, que trabalhava com o conceito de minoria. Sua crítica é de que tal categoria – identidade negra – delimita muito as ações políticas voltadas à população afro-descendente, no caso do Brasil, a um grupo que representa 5% da população. Portanto, um número não representativo das pessoas efetivamente discriminadas negativamente em função de suas matrizes etno-raciais.

Na *Unegro*, entidade da qual João é hoje participante, houve a preocupação em desenvolver debates acerca do conceito de identidade.

Nesse processo de organização da Unegro, *a gente tentava ver o seguinte: como vamos trabalhar com a idéia de identidade? Quais são os nossos companheiros, nossos aliados nesse projeto político? Então, vários processos se sucederam até que a gente chegasse a uma idéia de identidade. Num primeiro momento pensava-se o seguinte: a* Unegro *deveria ter nos seus quadros todas as pessoas que pensavam lutar contra o racismo. Então, dessa primeira experiência, tinha uma coisa muito interessante. Uma menina nissei fazia parte da coordenação, Lúcia A., que cuidava das áreas de crianças e adolescentes. Era interessante... Quando chamada para falar sobre a* Unegro, *aparecia uma nissei para falar sobre uma entidade de movimento negro. No princípio nossa idéia era essa, que todas as pessoas que assumissem o projeto de lutar contra o racismo estariam dentro da entidade.*

E aqui um pequeno parênteses. Nossa idéia, no início, foi trabalhar o conceito teórico do professor Clóvis Moura – da necessidade de você distinguir discriminação e preconceito raciais de racismo. Tanto a discriminação como o preconceito dão-se no âmbito individual, nas relações interpessoais – uma idéia preconcebida ou uma discriminação pautada nas diferenças raciais... Diferente do racismo, que é um projeto sistêmico que se processa independente da consciência individual das pessoas, brancas ou não, e se materializa nos dados sociais, na incidência de repetência escolar, na incidência da prostituição infantil com crianças afro-descendentes e no índice de mortalidade dessa população. Então para nós, quem pensava dentro desses quadros, quem tinha essa concepção de luta contra o racismo estaria dentro da entidade.

Na busca de um conceito de identidade que fosse referência para o Movimento Negro, em um primeiro momento, foram considerados participantes da *Unegro* todas as pessoas que lutavam contra o racismo, independente de suas características etno-raciais. O racismo é considerado um conceito que se materializa nas situações concretas vividas pelo afro-descendente, portanto, um conceito favorável a agregar pessoas e promover políticas de ação afirmativa.

Quem atuava no movimento sindical[8] *procurava organizar comissões de trabalhadores negros, de combate ao racismo e participar desse debate mais amplo e geral. E, mais recentemente, até por uma particularidade da nossa ação, a* Unegro *começou a ampliar seu conceito de identidade negra racial. Começamos a trabalhar com um conceito mais amplo.*

[8] Para Nogueira (1996) há uma ausência histórica do movimento sindical na luta contra o racismo, tendo contribuído para a reprodução e perpetuação das desigualdades de raça e gênero, favorecendo que o movimento sindical tenha sido um espaço onde se construía uma cidadania fragmentada. Entretanto, esse problema, ainda de uma maneira precária, vem sendo superado, através da implementação de políticas voltadas para setores importantes do mundo dos excluídos por parte de vários sindicatos filiados à CUT.

O Movimento Negro passou a buscar um conceito mais amplo de identidade, não mais articulado em torno da luta contra o racismo, cuja referência ainda é associada ao preconceito do mundo branco. Procura uma concepção que valorize positivamente as matrizes africanas, como através da religião (Candomblé) e da cultura (escola de samba, capoeira, dentre outros).

> *Nós passamos a considerar espaços negros não apenas esses espaços culturais, mas os de caráter religioso, os de caráter político, os de caráter sindical, de caráter social. Isso deu mais abrangência ao nosso conceito de negritude. A partir daí, passamos a pensar num projeto político. A* Unegro *trabalha com uma idéia, um conceito, e eu sou co-participante da construção desse debate, de que nós estamos num novo momento de mudança no Movimento Negro. É um ponto de ruptura.*

Vejamos o conceito de identidade de afro-descendente:

> *Continuando a se trabalhar com o conceito que foi construído pela militância negra dos anos 70 –* de identidade negra *– e com os resultados dos censos produzidos pelo IBGE, chega-se à conclusão de que os que se identificam como negros é uma ínfima minoria da população brasileira. O último dado mostra cerca de 5%. Nesse sentido, é considerado um movimento de minoria. Se é um movimento de minoria, as ações políticas e o alcance dessas ações políticas são também bastante reduzidos. Agora, se você pensa num conceito mais amplo, o conceito em debate na academia e no Movimento Negro – o de* afro-descendentes, *ou seja, aqueles que se classificam como "negros" e aqueles definidos no censo como "pardos", um conceito mais amplo você tem um universo acima de 40% de pessoas que reivindicam dentro desse universo. E existem condições metódicas de você fazer esse exercício. Os próprios dados do IBGE mostram que a população que se identifica como parda está mais próxima das condições materiais da população negra do que da população não negra. Então, existem condições de forjar um projeto dessa natureza, que vincula, do nosso ponto de vis-*

ta, algumas preocupações. Primeiro, o conceito de identidade é um exercício político. Ele se faz dentro de um exercício político. Da mesma forma que num determinado momento as potências européias quiseram classificar a população africana como "negra" e a população européia como "branca", e isso era um projeto político... ou como civilização ocidental e oriental e da mesma forma que se usou o conceito de mulato no Brasil durante muito tempo.

Nós queremos, em primeiro lugar, assumir abertamente que temos o interesse de construir um projeto político de maioria de excluídos, pautado na questão racial, que tenha repercussões políticas na estrutura política social do Brasil.

Em segundo lugar, nós achamos que só um conceito amplo o suficiente como esse vai ser capaz de propor outras transformações radicais, ou mudanças significativas nessa estrutura de poder. Pensar hoje no Brasil democratizando o acesso à cultura, ao capital e ao bem-estar, do nosso ponto de vista, implica em uma ação bastante dura, bastante conflitiva de interesses. Para você poder atingir tais objetivos é necessário que se tenha um conceito de ampla maioria.

O terceiro aspecto, que nos parece ser muito importante, é que somente essa grande maioria vai ser capaz de promover as mudanças necessárias. No meio de um universo de 5% da população há um limite, vão ocorrer reivindicações pontuais... Agora, em torno de 50% reivindicando é lógico que o nível de conquistas será muito maior.

Aqui, João procura enfatizar que o conceito de identidade não se reduz a uma simples representação da pessoa mas, mais do que isso, é a expressão de um verdadeiro exercício político. Esta idéia sobre identidade alinha-se à minha compreensão dessa categoria, já discutida no capítulo 2 – a identidade do afro-descendente não é uma mera representação de indivíduos com determinadas características físicas e cor de pele negra, classificação historicamente construída pela civilização européia, mas como um constructo pessoal, referência constituinte do mundo simbólico de pessoas, construído por meio de práticas sociais, contendo especificidades históricas e, principalmente, determinante de atos sociais.

No entanto, ao propor, não mais uma *identidade negra*, mas uma *identidade afro-descendente*, João sugere a idéia de ser a identidade um símbolo ou uma "bandeira" em torno da qual um grupo de pessoas articula-se para lutar a favor de determinadas causas. Uma vez que a categoria "negro" congregava poucos participantes, a partir do próprio exercício político dos militantes procurou-se definir outra categoria, a de "afro-descendente", mais ampla e mais funcional, para agregar um grupo muito maior em torno da causa visada – um projeto político de maioria de excluídos.

Não questiono a importância de ter-se um símbolo cuja função de articulação e mobilização de pessoas em direção a conquistas é indiscutível. Entretanto, não pode ser considerada como identidade. É uma referência que pode ser, ou não, internalizada pelo indivíduo. Se internalizada, poderia ser considerada como um valor a fazer parte da identidade do indivíduo. Esta, no entanto, é um constructo pessoal, mais amplo, constituinte de seu mundo simbólico. Ter-se simplesmente um valor externo como fonte de união de pessoas pode ter pouca força de impulsão para as metas pretendidas. Temos lições históricas a nos mostrar tal fato. Porém, pessoas com identidades pessoais articuladas em torno de valores semelhantes podem unir-se e mobilizar-se com muito mais consistência para causas comuns, como se fosse uma "bandeira" construída a partir de identidades já corporificadas pelos indivíduos.

Penso que uma concepção construída em torno de "pessoas que lutam contra o racismo" é ampla demais, pois passa a incluir uma grande diversidade de indivíduos, abstraindo as especificidades raciais e culturais que efetivamente existem, dificultando o aprendizado, ainda não alcançado, da convivência com a alteridade, a convivência com as diferenças. Portanto, a concepção de "afro-descendente" me sugere um indivíduo que se constrói em torno de uma história de ancestralidade africana, uma concepção não necessariamente associada à cor de pele, tonalidade, matiz ou especificidades anatômicas. Valoriza uma de suas particularidades, o fato histórico de ter, cultural e fisicamente, raízes africanas, favorecendo muito mais um posicionamento afirmativo dos indivíduos em torno de valores pessoais do que uma atitude de negação e confronto para com um grupo de pessoas consideradas "contrárias".

E por que é importante esse aspecto para nós?

Hoje o debate político contemporâneo está girando em torno dessa idéia de políticas de ação afirmativa. Isso não é consenso, não é palavra de ordem do movimento, mas você pode pinçar através dos discursos e das ações políticas, tanto na academia como no movimento social de afro-descendentes, essa preocupação. O que seria isso, as políticas de ação afirmativa? Seriam ações desenvolvidas pelo Estado com o objetivo de criar condições de competitividade e participação dos segmentos marginalizados. Então, o Estado iria privilegiar, através de ações concretas, a mudança das condições materiais dessas populações. Se você pensa num número de 5%, você pode fazer isso de forma bastante cosmética como, sob nosso ponto de vista, foi feito nos Estados Unidos, nos anos 60, numa situação histórica muito diferente. Não é? Muito diferente, com capital à disposição, com parque industrial praticamente intacto – saiu intacto da guerra, com a possibilidade de poder distribuir migalhas para a população do Sul do país. Tais condições e o interesse aberto dos democratas em ampliar a sua base eleitoral privilegiaram a interlocução com o movimento da não violência do Dr. King. Uma situação muito específica que, depois, os governos Reagan e Bush destruíram. Eliminaram uma grande parte dessas conquistas mudando o conteúdo da Suprema Corte. Então, num movimento de minoria você consegue ter esse tipo de ação. Nossa idéia é de pensar-se em política de ação afirmativa para uma maioria, o que implica mudanças significativas. Se você tem, vamos imaginar, como agora, um orçamento de 19 bilhões de dólares para a Saúde, pensar-se em conceito de política de ação afirmativa para a população afro-descendente implica você migrar parte considerável desses recursos para a política de atendimento, de prevenção de saúde, para os estados em que essa população acaba se concentrando, isto é, os estados do Norte, do Nor-

deste e algumas regiões do Sudeste do país. Então, pensar numa coisa ou outra traz conseqüências muito profundas. Sob tal ótica é que nós da Unegro *temos tentado trabalhar... e esse movimento não é um debate fácil e nem consensual.*

Pode-se entender a importância do conceito de identidade que serve de referência para o Movimento Negro, pois é a partir dela que serão definidos os projetos políticos. As políticas de ação afirmativa, conforme Ribeiro (1997), constituem-se em um conjunto de ações coordenadas voltadas para os seguintes propósitos: "(1) declarar ilegal o ato discriminatório; (2) estabelecer punições aos transgressores; (3) gerar múltiplos mecanismos de fiscalização e prevenção e (4) constituir agências de promoção social de segmentos discriminados" (p. 165). Além da extinção das práticas discriminatórias, visam adotar medidas para corrigir e compensar atos discriminatórios passados e presentes. Uma das muitas possibilidades de operacionalizar tais compensações é a política de *cotas*. Por exemplo, uma das maneiras de operacionalizar as *cotas* pode ser a definição de porcentagens determinadas de pessoas, de grupos específicos que sofreram discriminação, exigidas a empregadores e instituições de ensino superior, a serem admitidas em suas instituições. Assim, *ações afirmativas* é uma denominação geral para um amplo conjunto de programas destinados a promover ações compensatórias e a possibilidade de oportunidades iguais a grupos historicamente discriminados de forma negativa.

Na verdade, esse conceito de afro-descendente é um grande conceito "guarda-chuva", pois a pessoa pode manter a sua individualidade, a idéia de ser preto, negro, moreno, mulato, mas, fundamentalmente, tem um projeto político de afro-descendência que o liga a uma experiência ancestral de caráter africano e à desagregação da população daqui do continente, ao esgarçamento cultural, social e político que aquele continente sofreu; à destruição cosmográfica, cosmológica que aquela cultura sofreu e que faz parte de nosso legado histórico, tanto na África como fora da África. Esse conceito dá um sentido mais internacionalista à ação polí-

tica. A idéia de afro-descendente localiza você ao lado da luta política dos afro-descendentes dos Estados Unidos, do Caribe, da África e da Europa. Isto para nós é interessante porque essa nova fase de organização econômica, política e social de reatualização das teses liberais, através do neoliberalismo, faz com que o racismo se torne muito mais emergente. Hoje é difícil não detectar a presença do discurso racista no centro dos grandes problemas políticos sociais pelo mundo afora – a faxina étnica na Europa, a faxina étnica estimulada em alguns países africanos, a distribuição dos bens materiais pelo mundo afora. Eu vi recentemente uma matéria em que a pessoa dizia que apenas 20% da população mundial tinha acesso a 80% dos bens materiais produzidos no mundo. Há um desequilíbrio total, não é? Aí há um corte racial. Os grandes bolsões de miséria estão naqueles países fundamentalmente de população não branca. Então esse conceito atualiza o debate político, dá uma dimensão internacional.

Além do desenvolvimento de um conceito de identidade, João aponta, no Movimento Negro, a busca da afirmação das diferenças. Pelo menos em tese, há a busca da aceitação da alteridade, das especificidades de cada grupo, de cada indivíduo, sem o uso do artifício de igualar o que ontologicamente é distinto, processo que dá sustentação à idéia de democracia racial.

Está chegando uma quarta fase que é a da construção dos direitos das diferenças. Quais são as sutilezas desses direitos? O direito da individualidade, dos direitos civis, o direito de ir e vir, o direito de poder trabalhar. Os direitos sociais são os direitos à assistência médica e educacional, etc. Os direitos políticos são os direitos de votar e de ser votado. E os direitos da diferença é você ter o direito de reivindicar a igualdade política, econômica e social, mas o direito de ser diferente, de ser preservada a sua diferença.

João ressalta que o Movimento Negro atualmente está desenvolvendo diálogos com outros grupos, segundo as características de um estágio de articulação. Cabe aqui apontar a possível ocorrência de dificuldades no desenvolvimento deste estágio por parte de um grupo voltado para a afirmação de uma identidade articulada somente em torno de matrizes africanas, o que o discurso de João muitas vezes sugere.

O brasileiro afro-descendente, mesmo que de forma violenta, construiu-se também historicamente em torno de referências européias. Não quero aqui avaliar o quanto tal processo foi positivo ou negativo. Simplesmente quero pontuar que ele se deu. Independente de sua forma, creio podermos assumir terem os valores europeus participado da construção da identidade do afro-descendente, até porque muitos afro-descendentes são simultaneamente afro-europeus. Portanto, vejo esses movimentos todos como uma luta de resgate de valores esquecidos – as matrizes ancestrais africanas. O Movimento Negro pode, entretanto, favorecer que as pessoas dele participantes permaneçam fixadas em um estágio de militância, ou seja, fechadas somente em torno da cultura de sua ancestralidade africana. Se este for o caso, haverá dificuldades na aceitação de diferenças e, em decorrência, dificuldades na convivência com grupos articulados em torno de valores distintos.

Creio que resgatar valores de uma cultura não implica desvalorizar ou negar outros valores que também dão sustentação às identidades do brasileiro afro-descendente.

A articulação talvez deva visar a construção, não de identidades africanas e, sim, de identidades afro-brasileiras. Uma articulação que, possivelmente, venha a ser mais facilmente alcançada através da procura de matrizes ancestrais comuns.

> *Acho que é possível você dialogar com pessoas que têm preconceitos e conceitos de discriminações raciais, é possível você apresentar dados de razoabilidade, levar as pessoas a uma reflexão. Agora, em relação a quem pensa de uma forma racista, ou que reproduz ou incentiva a reproduções do racismo, aí não tem jeito. Esse tipo de comportamento tem mesmo que ser eliminado. Acho que através da ação política, da macropolítica, dá para você eliminá-*

lo. Esse é o novo momento que a gente tem frisado muito, o de estourar essa estrutura da reprodução do racismo, o que, além de elevar a auto-estima dos afro-descendentes, quebra essa barreira da discriminação e do preconceito, por meio de diálogos e ações políticas conjuntas.

Com a emergência do movimento dos "skin heads", aqui no Brasil, nós desenvolvemos ações com os nordestinos, o que eu acho uma loucura, não é? Porque a maioria é de participantes negros. Para mim eram todos afro-descendentes. Fizemos algumas coisas juntos com a Federação Israelita, mesmo com problemas internos, com desconfianças mútuas, com ressentimentos mútuos. Por exemplo, a Federação sempre lembrava dos discursos da Nação do Islã *nos Estados Unidos da América*[9] *e a gente lembrava dos discursos de Israel na Faixa de Gaza. Havia sempre esses pequenos conflitos, mas, em geral, deu para fazermos algumas atividades juntos e para as pessoas se conhecerem e superarem essa discriminação e esse preconceito.*

João busca mais companheiros de viagem para, juntos, percorrerem veredas antigas, por muito tempo não visitadas – veredas que guardam tesouros ancestrais.

O legado de João

Eu gostaria de dizer mais uma coisa. Só que é uma coisa para mim muito íntima e pode contribuir quando você for pensar a questão da identidade. Eu fui o primeiro de minha família a entrar numa universidade. Da minha geração eu fui o primeiro – do meu irmão, dos meus primos – eu fui o primeiro. Isso teve um impacto positivo na família. Foi muito positivo. Depois disso, outra prima entrou na faculdade. Infelizmente, muito jovem, morreu atropelada na Dutra.

---

[9] Nota de João: Segundo a Nação do Islã, os judeus foram a 'mola propulsora' econômica do tráfico de escravos. Eles fazem ataques violentos aos judeus. Como 'islâmicos' – vistos com desconfiança pela ortodoxia religiosa islâmica – são contra o estado de Israel.

Agora tem um outro primo que está fazendo Física na USP. Então, minha formação foi muito importante, pois teve um impacto muito grande na família. Eu acho que contribuiu como um espelho, como um espelho positivo. Eu tenho orgulho disso. Tenho muito orgulho disso mesmo.
Há um fato que expressa muito isso na nossa família. Minha mãe trabalhou numa família de leiloeiros, um pessoal de muitos recursos, de muito dinheiro. O neto da patroa de minha mãe estudava na PUC. Fazia jornalismo. O maior orgulho da minha mãe era dizer para ela que seu filho fazia jornalismo na PUC, que era presidente do DCE, e o neto da patroa era um mero estudante de jornalismo na faculdade. Era o orgulho dela. Ela contava isso com maior prazer. Como se fosse uma pequena conquista dela.

João fala com orgulho de suas conquistas e o quanto foram favoráveis ao desenvolvimento da auto-estima, tanto sua como de sua família. O trecho mostra uma narrativa ainda construída a partir de uma referência branca. A comparação usada por ele sugere a idéia do negro "suplantando" o jovem da família branca, no meio acadêmico, lugar ainda de difícil acesso ao afro-descendente. Sugere uma subjetividade ainda articulada em torno de referências de um "grupo diferente". É um processo muito comum às pessoas que se encontram, no desenvolvimento de sua identidade, no estágio de militância.

Não considero tal mecanismo um problema em si, mas um momento necessário para a constituição de uma identidade afrocentrada; porém, acredito tratar-se de uma configuração de identidade a ser superada, pois uma subjetividade assim constituída tende a manter processos de exclusão e vedamento, dificuldades na aceitação do outro, alimentando, através de práticas sociais, padrões pessoais contrários àqueles perseguidos por João e pelo próprio Movimento Negro, isto é, a efetiva afirmação das diferenças e, como eu denomino, a efetiva afirmação da alteridade. À medida que João, ou um afro-descendente permanecer fixado em um estágio de militância, em uma atitude sistemática de "contrapor-se" ao padrão branco, estará afirmando o que quer negar – o padrão negro como inferior. Esta é uma "construção branca" mas, infelizmente, introjetada na "construção negra".

Estou sugerindo a necessidade de um movimento de sucessivas e contínuas metamorfoses. Os estágios, com seus dinamismos pessoais, nos quais o indivíduo está submetido a uma constante tensão, são fases a serem constantemente superadas, sem uma síntese final.

Mas o mais fundamental, dessa trajetória toda, que eu acho mais positivo, que me deixa muito satisfeito, em parte por ter cumprido uma certa função, foi o fato de ter sobrevivido. Muitos dos meus amigos não tiveram essa oportunidade. Logo que eu assumi a presidência do DCE, surgiu uma situação muito importante, de conquista para a universidade. Eu apareci muito na televisão. Um amigo meu da Vila Mazzei se sentiu orgulhoso, ele falou:
– Eu me senti ali, ali na televisão falando! [com ênfase].
E ele disse uma coisa até muito interessante:
– Pô, apesar de tudo, você sobreviveu!
Outros não sobreviveram. João Neguinho não sobreviveu. Breda não sobreviveu. Hélio, a última vez que eu o vi parecia um indigente, no limite da existência. Outros foram presos. Um, chamado S., tornou-se um dos maiores matadores da Rota de São Paulo e foi afastado por violência. Acho que deu para sobreviver com boa margem de dignidade.
Tudo isso foi resultado dessa persistência muito forte de meu pai, dessa presença muito concreta de minha mãe, dessas minhas tias, todas empregadas domésticas. E a tendência é que todos os filhos fossem empregados domésticos...
Bem ou mal, nós conseguimos! Um é tecelão, e isso foi um grande salto. Outro, na faculdade. O outro é promotor de vendas de discos. Então, elas criaram uma base muito consistente, muito consistente mesmo.

João é um sobrevivente. Ele referencia-se em histórias de amigos e ressalta a importância de sua família na construção daquilo que é hoje. É interessante perceber como ele, ao referir-se à "base consistente", usa o pronome "elas" como que excluindo o pai, pois, efetivamente, o modelo de persistência, de consistência, de trabalho, de dignidade, foi provavelmente favorecido pela mãe e pelas tias. Pontua a importância do pai no desenvolvimento da consciência de sua negritude e das dificuldades que iria enfrentar no mundo branco. Parece que essa convivência favoreceu, desde menino, não permanecer em um estágio de submissão. A imagem do pai passada por João é sempre de um "abridor de caminhos".

> *Como eu disse, eu estou grávido e a grande fascinação que eu imagino é de poder colocar à disposição de minha filha aquilo que eu não tive. Então, por exemplo, minha filha vai ser batizada dentro da religião tradicional africana. Não por uma moda, mas porque eu acredito que é a forma fundamental de ela entrar em contato com a sua ancestralidade, com aquilo que eu tenho condições de legar a ela. Diferente do Machado de Assis, não é um legado da minha miséria. É o legado da minha ancestralidade. Ela vai ter um nome tradicional, que tenha um significado. Ela vai ser iniciada dentro dessa religião, que tem um significado. Quero poder, no cotidiano de sua educação, fornecer elementos que a tornem muito mais preparada para enfrentar isso, coisa que eu não tive. Então, acho que esta é uma função minha. E nisso, todo mundo pode ajudar. Acho que todas as pessoas que têm feito um trabalho efetivo contra o racismo no Brasil podem ajudar, agora com essa presença, com esse sentimento pautado na história da ancestralidade. É isso!*

João tem um projeto. Favorecer que a filha desenvolva, com a valorização das raízes africanas, uma identidade afrocentrada, vindo a orgulhar-se de suas características pessoais. Em muitos momentos, sugere estar ainda mergulhado em um estágio de militância, parecendo vislumbrar o estágio de articulação através de sua filha, pautando-se nos valores africanos, mas não contra os valores europeus, como foi o caso de seu pai.

Ouçamos suas palavras finais:

...e até por não ser um super-homem, não ser uma pessoa perfeita, eu não tenho nenhuma vergonha de dizer que hoje ainda tenho muita dificuldade de lidar com pessoas brancas. Muita dificuldade... Nunca tive namoradas brancas. Tive relacionamentos com mulheres brancas. Mas nunca foi uma coisa natural... andar de mãos dadas na rua, por exemplo. A minha esposa é filha de negra com branco. A mãe dela é negra e o pai é branco. Ela tem a pele mais clara do que eu. Mas eu a considero uma mulher negra, em todos os sentidos – na sua postura, na sua ação. Eu nunca imaginei ter filhos com mulheres brancas. Nunca imaginei manter relações sociais... nunca consegui fazer isso. Não tenho vergonha de dizer isso. Pode ser uma deficiência de formação ou um alerta permanente. Mas eu sei que fico com os radares muito ligados quando estou num espaço com predominância de pessoas brancas. Me irrita quando eu chego na escola de samba e eu vejo um branco presidente – "Não, agora a escola de samba não é só de negros"... Me irrita esse discurso. Ou na religião – "Eh, o Candomblé agora também é de brancos". Tudo isso é bobagem, pois a composição do Candomblé é negra! [afirmativo, com ênfase]. *Ogum é negro, ser mitológico e histórico negro! Oxum é negro! Obatalá é negro! Essa relação civilizatória é não-branca. Então, me irrita muito quando eu vejo pessoas brancas fazendo a construção desse discurso nesse espaço.*

Sob o ponto de vista pessoal, eu acho que eu estou chegando naquilo que considero o ponto máximo da minha maturidade. Eu tenho conseguido criar... consolidar essa identidade, no âmbito político, no âmbito religioso, no âmbito acadêmico e no âmbito da participação na política social do Movimento Negro, e isso tem me deixado muito satisfeito.

Por isso que eu estou tão satisfeito de estar grávido, e de poder legar à minha filha essa idéia dessa ancestralidade. Acho que é o resultado de tudo isso, a conclusão de tudo isso. Dessa luta difícil, da sobrevivência difícil, dessa sobrevivência no limite do fio da navalha, mas também dessa ancestralidade vitoriosa, não é?

Minha filha seguirá a linha ancestral matrilinear. Será consagrada a Oxum. Este orixá será seu orixá de cabeça. Ela cultuará o orixá da mãe, Oxum*, e, em segundo plano, o do pai,* Ogum... *além, é claro, de* Exu. *Minha pretinha será uma garota de bom* ori *(cabeça) e* odu *(destino)!*

Estou muito satisfeito de estar podendo chegar a me transformar em ancestral e poder legar isso. Mesmo meu pai e minha mãe, não tendo condições concretas, teóricas, materiais, intelectuais, deixaram-me esse legado. Eles são partes fundamentais desse legado que vou deixar à minha filha. Isso está me deixando muito satisfeito, apesar das dificuldades. Apesar de todas as dificuldades, eu sei que minha filha vai ter condições muito mais apropriadas e adequadas para enfrentar essa condição de baixa auto-estima que eu tive, de conflitos raciais. Eu acho que, por exemplo, minha filha, na idade da adolescência não vai ficar com o pescoço virado para fora do ônibus. Tenho certeza de que minha filha vai olhar, vai brigar, vai polemizar! Não vai ficar olhando para fora do ônibus e depois descer com torcicolo. Isso para mim é a maior vitória que se pode ter. É o maior legado...

E, referenciando-me em Machado de Assis, eu lego à minha filha uma história, não só de misérias, mas de lutas, de vitórias e de ancestralidades.

COMPANHEIROS DE JORNADA

(O aprendiz que se comoveu com o menino, admirou o guerreiro, enriqueceu-se com o legado, e o guerreiro que se encontrou com o aprendiz, em algumas das veredas)

O pesquisador – o aprendiz que se enriqueceu ao percorrer o caminho

Este caminho foi, na verdade, o percurso para conhecer João, caminhante junto a muitos outros companheiros voltados para a compreensão do desenvolvimento de uma identidade afrocentrada. Uma viagem cheia de armadilhas, uma delas, quem sabe a principal, minha própria subjetividade.

Um trabalho cuja intenção não foi a de demonstrar conhecimentos sobre um tema dominado. Nesta posição, João seria simples "escada", ou pretexto, para um exercício de erudição. Efetivamente, foi um estudo voltado para a descoberta e compreensão de uma realidade pouco conhecida por mim, a ser desvelada somente através da exposição realizada por João, o personagem fundamental. Meu papel foi deixar-me ser tocado por sua história e, a partir desse encontro, buscar, nas várias áreas do conhecimento, referências que me permitissem compreender o processo de desenvolvimento da identidade de um afro-descendente, ponto de partida para uma compreensão futura, mais ampliada, da formação das identidades dos brasileiros afrodescendentes.

Creio ter sido o primeiro passo de um longo caminho ainda a ser percorrido.

Cabe, aqui, ressaltar como fui transformado durante o percurso e o que aprendi com a história de João.

No início do trajeto, minha visão sobre a problemática em estudo era a de uma pessoa que não passara pelas experiências do afrodescendente por sua condição etno-racial em um país onde é discriminado negativamente. Tinha eu uma visão acadêmica.

Entretanto, já há algum tempo, vinha buscando compreender as especificidades do brasileiro. Uma idéia a me perseguir era a de que sua singularidade é fortemente determinada pela participação africana, não apenas na música, na comida e nas artes plásticas, mas na própria constituição de sua subjetividade. Era o africano marcando e construindo a maneira de ser de cada brasileiro. Foi uma das motivações a me conduzir a tal tema no início do trabalho. Pelo menos este era o discurso que usava, ao ser inquirido pelos colegas surpresos pelo fato de um branco ter interesse por essa temática. Era, talvez, o de um intelectual voltado ao "exótico", um interesse geralmente não expresso publicamente, no entanto, uma motivação comum, muitas vezes encoberta por narrativas que a mascaram.

Simplesmente entrar em contato com tal problemática por motivos meramente intelectuais, acadêmicos, ou pelo fato de ser uma atitude original, não teria força suficiente para mobilizar-me em um projeto de pesquisa que demandaria anos e muito sacrifício. Acredito ter sido alguma necessidade pessoal, ainda não muito clara. Posso, entretanto, identificar em mim algumas mudanças.

Reconheço, agora, que no início do trabalho estava também contaminado, como muitos brasileiros, pela idéia de "democracia racial", ou seja, tive que reconhecer-me como uma pessoa com preconceito e, simultaneamente, com um discurso que o nega. Neste momento, final do estudo, se não eliminei totalmente tal concepção, já a identifico nos gestos e nas narrativas das pessoas.

Percebo ter sido muito tendencioso nos primeiros momentos de análise da narrativa de João, ressaltando sistematicamente aspectos favoráveis a uma imagem positiva sua. Como o leitor pode observar, sua fala é muito inteligente, culta e honesta. Expressou-se com fluência e de maneira espontânea, demonstrando, sempre de forma cuidadosa, sua visão sobre os fatos importantes da história pessoal. Entusiasmado com sua narrativa, minha primeira tendência foi a de passar uma imagem "bonita" de João. Percebi que estava construindo um discurso ideológico, acrítico, concordante com a visão de João sobre si e sobre o Movimento Negro. Não era uma análise crítica, postura esperada de um cientista. Já discuti, no capítulo 1, acerca da metodologia, o quanto não acredito na neutralidade do pesquisador. Entretanto, um certo distanciamento é desejável. Aqui, reconheço que o trabalho científico também é inevitavelmente um trabalho político, em que a pessoa do pesquisador, como cidadão, está presente no seu discurso, ainda que de forma inconsciente.

Minha busca, entretanto, não era a construção de um discurso político, legítimo em outros lugares mas, sim, compreender a história de João como um passo inicial para a compreensão de muitos "joões".

Creio que tentava evitar que João fosse negativamente discriminado. Assim, no início do trabalho, tendia a cair em sua antítese, criando uma visão romântica em que ele era sistematicamente exaltado. Esse processo configura um "preconceito às avessas", sugerindo um modo de subjetividade construída pelo brasileiro para poder "encaixar-se" na tal "democracia racial", o que, na verdade, consiste em um amaneiramento que acaba encobrindo e alimentando o preconceito.

É evidente que a narrativa final, contida neste texto, é fruto de várias reelaborações e reflexões sobre a história de João, o que me levou a entender, agora, como no início do trabalho considerava muitas das manifestações culturais como a capoeira, a escola de samba e os afoxés, simples manifestações folclóricas, e o Candomblé, uma religião primitiva. A narrativa de João e o próprio exercício hermenêutico favoreceram que eu re-significasse esses fenômenos, de forma a perceber a importância de tais manifestações como lugares de afirmação e reatualização de cosmovisões africanas.

Ao analisar algumas atitudes de João, como seu ressentimento, sua ferocidade, nos trechos em que lhe atribuo um certo preconceito contra o branco, senti-me confuso e tive receio. Inicialmente, buscava demonstrar certa "objetividade". Entretanto, tinha dúvidas se estava pontuando tais aspectos por terem eles se desvelado a mim como importantes ou para contrapor, com uma "atitude mais crítica", certa complacência que, creio, vinha mantendo no começo do processo de análise. Ao ressaltar tais atitudes de João, poderia estar desvalorizando-o ante o leitor ou revelando um nível de preconceito que acreditava não ter. Por outro lado, poderia estar sendo muito simplista na minha visão em relação ao negro, possibilidade que João denunciou muito em seu discurso. A consciência da possível ocorrência desses riscos me incomodou durante o trabalho todo. As respostas a tais questões, só as terei após este estudo tornar-se público e eu obtiver, através disso, interlocutores novos.

Pode-se observar, como em alguns trechos ainda mantenho uma visão dicotômica negro/branco. É uma concepção limitada e limitadora, pois sugere um grupo de pessoas cuja subjetividade passa a ser desenvolvida somente em torno de matrizes africanas, em oposição a outro grupo, o "branco", com suas subjetividades constituídas em torno de matrizes culturais exclusivamente européias. Considero que tal conceituação pode, possivelmente, estar refletindo minha própria subjetividade, além da especificidade do pensamento dos autores nos quais me referenciei. No caso de nossa realidade, todos os cidadãos sofrem a forte influência, independente de sua origem etnoracial, de aspectos culturais africanos, europeus e indígenas, como analisado por Ribeiro D. (1995), de tal forma que tal dicotomia não expressa a variedade e a riqueza participantes da constituição sociocultural brasileira.

Com certeza este é um discurso de um branco, portanto, contém as limitações decorrentes desse fato. Porém, um discurso de quem efetivamente quer conhecer o outro em sua singularidade e o fato de ser a visão de alguém "de fora" pode ser útil, principalmente quanto ao alerta sobre os riscos de uma militância como modo de vida.

Creio que aqui já temos respostas para algumas questões levantadas na Introdução.

Os conceitos prévios do pesquisador, anteriores ao seu contato com a realidade a ser estudada, interferem, sim, no trabalho de pesquisa e são muitas vezes expressos por atitudes de compaixão incondicional pela problemática em estudo ou por atitudes de condescendência para com a narrativa do participante, ou mesmo, ao contrário, por atitudes obsessivas de denúncia, com o pesquisador desenvolvendo um olhar aguçado somente para aspectos que julga criticáveis. São atitudes que, mesmo não intencionais, desvalorizam o afro-descendente e revelam preconceito.

Tal fenômeno, entretanto, não ocorre somente no tipo de trabalho presente, mas em qualquer estudo científico, independente do tema.

Uma maneira de minimizar o efeito de tal interferência seria a inclusão, nos relatórios de pesquisa, de um capítulo como este, no qual o pesquisador analisa sua própria percepção do trabalho, constituindo-se em uma nova experiência de sentido.

Outra forma que creio ser fundamental, além do acompanhamento de um orientador, consiste na participação do pesquisador em grupos de interlocutores, durante toda a elaboração da pesquisa, pois eles têm a possibilidade de, após a leitura de várias de suas partes, e por meio de discussões, posicionarem-se como críticos. Este procedimento favorece um trabalho interdisciplinar, principalmente quando o assunto é a realidade dos afro-descendentes, que requer várias óticas, e os participantes envolvidos carregam julgamentos prévios em função da cultura em que se encontram mergulhados, gerando dificuldades como as que relatei. É uma maneira de legitimar, através do grupo, o discurso que vai sendo construído.

No caso deste trabalho, que consistiu em um campo novo a ser conhecido e cujo contato com o fenômeno estudado deu-se através de uma hermenêutica pessoal sem padrões com os quais minhas idéias pudessem ser comparadas para sua validação, por uma questão de coerência epistemológica, acreditei na necessidade de interlocuções para que o discurso pudesse ser legitimado de alguma maneira. Neste sentido, além de reuniões grupais, alguns eventos sociais nas casas de participantes do grupo foram ocasiões em que tive a oportunidade de longas conversas acerca da temática abordada e de identificar a sintonia de minhas idéias com as dos militantes negros.

As reuniões do grupo (GEAAC) foram fundamentais. Eram discutidos os projetos e momentos das pesquisas realizadas por seus componentes, o que, pela diversidade de sua formação, permitiu uma visão multidisciplinar dos temas referentes aos afro-descendentes.

No meu caso, desde o início do estudo fui alertado para o discurso reducionista que poderia vir a desenvolver, o que levaria a uma ótica simplista acerca da problemática do afro-descendente. Foi-me pontuado, em uma discussão, ter demonstrado uma "visão conceitual" do negro e não uma visão do "negro histórico", encravado em processos existenciais concretos, que se deram e se dão em situações concretas. Este alerta acompanhou-me durante todo o percurso e favoreceu a ênfase nos aspectos históricos e existenciais contidos no trabalho.

Outra crítica voltava-se ao pequeno número de referências da psicologia brasileira no projeto inicial, o que determinou o levantamento feito sobre artigos em periódicos voltados ao afro-descendente, passando a fazer parte do capítulo sobre os estudos da psicologia brasileira sobre o tema, evidenciando a quase ausência de tais trabalhos.

Foram elaborados, em função de discussões sobre metodologia, os diagramas auxiliares para a análise da entrevista, foi incluído como "procedimento de pesquisa" a participação em grupo de interlocutores, além do capítulo sobre algumas definições sobre preconceito, discriminação e racismo.

A participação no V Congresso Afro-Brasileiro, em Salvador, trouxe, além do contato intenso com as questões afro-brasileiras, a consciência da importância, para o brasileiro, de reconectar-se com parte da história que lhe foi sonegada e de sua constante reatualização. Nesse sentido, a vivência daquela situação mostrou-me a importância dos grupos ligados ao Movimento Negro, das práticas religiosas e culturais. Vi grupos estritamente acadêmicos e grupos que transitavam tanto na academia quanto em movimentos sociais. Alguns discursos apregoavam uma reafricanização dos costumes e da religião, demonstrando um posicionamento discutido no estágio de militância e, outros, voltavam-se para a recuperação da valia do imaginário africano. Percebi a necessidade de "formas engajadas" de se fazer ciência e de nos tornarmos *pesquisadores apaixonados*. Estas referências foram perseguidas durante todo o trabalho, principalmente na formulação da metodologia empregada.

Tive contatos com vários mestres da Associação Brasileira de Capoeira Angola que mostraram como se pode, efetivamente, aumentar o senso de cidadania, o orgulho das matrizes ancestrais africanas e a melhoria das condições sociais a partir de trabalhos com crianças através da capoeira. Estas vivências levaram-me a refletir e compreender a importância das expressões culturais ligadas à dança, luta e música como lugares favorecedores do desenvolvimento de identidades afrocentradas e de cidadãos conscientes de seu valor.

Na visita à cidade histórica de Cachoeira, a 116 km. de Salvador, além de desfrutar da beleza de sua arquitetura colonial, tive muitas lições de vida, fundamentais para a compreensão do que estava buscando. Os discursos acadêmicos, ouvidos no V Congresso e outros lugares, pareciam ser, ali, concretamente aplicados. Conheci pessoas criando e aplicando projetos de relevância social, ressaltando o quanto é necessário que os discursos acadêmicos transformem-se em *discursos vividos.*

No momento em que termino este capítulo, vejo o trabalho como a busca de um branco em compreender e aceitar as especificidades do afrodescendente, uma busca semelhante a outras – do marido em aceitar a esposa, do pai em aceitar a singularidade do filho, do psicoterapeuta compreender seu cliente. Enfim, foi a procura da aceitação do diferente, em qualquer âmbito, ou seja, a difícil aceitação da alteridade.

Tenho aqui a sensação de que a realização deste estudo foi o caminho que encontrei para conhecer e lidar, não só com o outro, mas minhas "outras" matrizes culturais, minhas matrizes africanas, às quais, como brasileiro, estou submetido.

Agora, torna-se importante compreender como este trabalho marcou João.

João – o companheiro, em um caminho de diálogo e comunhão

Como já pontuei, é comum o participante de uma pesquisa ser considerado mera fonte de dados, utilizados para que o pesquisador realize sua tarefa e desfrute das vantagens que tal exercício lhe confere nos diversos espaços acadêmicos e sociais. Evidentemente, o esperado é ser a fala do cientista de muita importância para a comunidade da qual o participante, o principal interlocutor, faz parte. No entanto, é a ele que, geralmente, são omitidos os resultados do trabalho construído em torno de informações suas, o que considero eticamente questionável.

Sob o aspecto epistemológico, ao realizar um estudo em que assumi não ser possível o alcance de verdades universais, que o conhecimento desenvolvido não traduz fidedignamente o real, mas constitui-se em construções minhas, realizadas com a ajuda de metáforas teóricas, acerca da história do outro participante, devo encontrar lugares para meu discurso ser legitimado, de forma a não se constituir em simples ficções minhas. A interpretação do cientista deve articular-se, quanto aos aspectos teóricos e à linguagem desenvolvida, com o discurso da comunidade de sua área de interesse, aqui, das ciências humanas, e a compreensão da história de vida que me foi ofertada deve ser referendada pelo próprio participante.

Nas ciências humanas, recorram elas a métodos quantitativos ou qualitativos, o participante oferece "substância vivida" para a realização do trabalho, material sem o qual tal construção seria impossível. João ofereceu-me verdadeiras riquezas – a história de sua vida, embebida de alegria, orgulho, tristeza, ressentimentos e, talvez, lembranças com as quais não quisesse entrar em contato naquele momento.

Baseado em tais considerações, procurei legitimar a narrativa com meu grupo de interlocutores, os pesquisadores do GEAAC, e com o próprio participante da pesquisa – João, a pessoa privilegiada para conhecer e avaliar o que pensei sobre ele.

Com tal propósito, solicitei que João avaliasse minha narrativa.

Após a formalização do trabalho em sua totalidade, com exceção do presente capítulo, pedi-lhe que o lesse e desse sua opinião sobre os trechos em que se reconhecia, aqueles em que não se reconhecia, seus questionamentos acerca de minha visão sobre os problemas relativos aos afro-descendentes, dentre outros.

João o leu e, após algumas ligações telefônicas, em que me disse ter sido muito mobilizado pela narrativa, marcamos um encontro pessoal para conversarmos.

João tomou a iniciativa do diálogo, o qual considero o ponto alto deste estudo. Foi o momento da pesquisa em que se efetivou a busca de compreensão vista como fusão de horizontes entre os interlocutores, como sugere Gadamer (1993).

Este capítulo foi um espaço para ouvirmos principalmente sua voz.

Iniciou seu relato pontuando aspectos técnicos e, aos poucos, adentrou pela área pessoal.

Ressaltou o quanto este trabalho foi útil no sentido de auxiliá-lo na elaboração de sua própria dissertação de mestrado, que está prestes a concluir, principalmente quanto aos caminhos sugeridos pela metodologia empregada. A partir disso, relatou estar propenso a discutir as transcrições das entrevistas, os guias de sua dissertação, com os próprios participantes, pois, como afirmou: "É o compromisso mínimo que posso ter com eles".

Disse ter percebido a importância de uma atividade acadêmica para o próprio Movimento Negro – o pesquisador pode levar informações relevantes, desenvolvidas em trabalhos científicos, aos seus companheiros, pois a maioria deles não têm quase nenhuma oportunidade de obtê-las através dos meios dos quais dispõem.

Reconheço aqui, novamente, João exercendo a função de "abridor de caminhos", como seu pai no nível do sagrado (Ogum), seu pai biológico e ele próprio em outros lugares, o que é visível na descrição de sua história.

Discutiu, na seqüência, os projetos do grupo de militância do qual participa – a *Unegro.*

Ouçamos seu pensamento:

> *Estamos preparando o primeiro congresso nacional da* Unegro. *Se tudo der certo, e vai dar, ocorrerá em janeiro do ano 2000, em Salvador. Por que em Salvador? Porque foi o lugar onde a* Unegro *nasceu e há toda uma relação histórica, política, mítica com a cidade. Quero ver se a gente faz numa data próxima da revolta do malês, em janeiro. Foi uma grande revolta em 1835, na cidade de Salvador. Mudou o cenário da cidade.*

> *Nós da Unegro definimos uma meta. Queremos aprofundar uma tese que apresentei, em nome da entidade, num congresso internacional* – Congresso Continental do Povos Negros das Américas –, *aprofundar aquelas idéias sobre os três segmentos (Movimento Negro, ONGs e Organizações Institucionais); caracterizar cada um deles e estabelecer ações táticas e estratégicas, a partir de uma reflexão anterior. Quando estiver nesse processo de elaboração eu vou te convidar.*

Percebo aqui um avanço nas propostas de sua entidade. Uma mobilização, não somente em torno da discussão sobre a definição da identidade do afro-descendente, mas já se articulando em uma trajetória voltada para o futuro, com maior ênfase na ação.

Vejamos como ele hoje dá um sentido de autoria à sua vida em construção:

> *Eu tenho muito orgulho do que fiz e do que faço. Mas, uma das coisas que achei mais interessante foi o fato de passar a perceber que o conjunto daquilo que fiz e faço é como se fosse uma síntese daqueles que estiveram comigo. Uma síntese, em especial, de minha mãe, de meu pai e, por uma série de motivos, daqueles que ajudaram aqui e ali...*
> *Em cada passagem encontro uma pessoa. Como grandes mentores, vejo meu pai e minha mãe. Em outras passagens, estiveram comigo outros que me ajudaram. Por exemplo, Dona Nicinha que dava um pedaço de pão para eu comer... Foram pequenas coisas que me levaram a uma reflexão muito interessante. Na realidade, parece que quando as pessoas dizem que foram tocadas por personagens importantes de uma forma tão profunda estão indo em direção a elas mesmas. Então, quando falo desses mentores, estou mostrando partes de mim. Realmente, sou eu mesmo o meu próprio grande mentor. Eu coei, optei... Fui eu que disse: isso eu quero, aquilo eu rejeito...*
> *Não sou uma pessoa sozinha. Sou síntese das pessoas que atravessaram meu caminho e, com certeza, vou acabar tendo a mesma função para outras pessoas com quem venho me relacionando.*

Uma coisa que achei muito legal, e quero aprofundar contigo, é a história da trajetória do herói. Quero fazer uma análise e usar o Indiana Jones e a última cruzada *para poder falar de uma maneira mais apropriada aos jovens que estão no universo do* rap. *São oficinas que quero fazer.*

A partir da leitura do trabalho, disse ter desenvolvido uma imagem forte sobre a metáfora do herói. Percebeu o quanto ela pôde organizar sua história, dar sentido a seu trajeto pessoal e como se vê marcado pelas influências recebidas de pessoas com as quais conviveu, sem deixar de se considerar o próprio autor de sua história de vida. Além disso, mostra como, a partir desta imagem, desenvolveu um projeto para jovens negros.

Na seqüência, João ressalta como foi importante ter-se reconhecido agindo, em muitos momentos, com características de um estágio de militância. Tal fato pode sugerir a relevância da "teoria" proposta pelo trabalho, acerca dos diversos estágios para a compreensão da construção do mundo simbólico e da identidade das pessoas.

Ouçamos suas palavras:

Por exemplo, quanto à liderança... Sei que eu sou um líder no Movimento Negro. Eu sei que sim! Mas isso passou a ter uma responsabilidade muito maior! Na Unegro, *minha militância foi sempre construída nisso – "pau naquela entidade, pau naquela outra..." Eu tinha que abrir espaço. Hoje, eu não me permitiria mais isso. Não que eu não faça mais tal combate! Pelo contrário. Mas nós temos uma responsabilidade de construir. É preciso entrar numa dimensão de diálogo e que inclua diferenças e não destruir o que você construiu. Acho que esse é um desafio do Movimento Negro. Nós estamos permanentemente reconstruindo. Se eu observar o que foi registrado efetivamente na história desses vinte anos, quase não me reconheço ali. Os encontros não tiveram resoluções. Não tiveram metas concretas a serem atingidas. E nós precisamos desse movimento. Não pode ser apenas um espaço de reflexão. Deve ser, necessariamente, um espaço de ação e transformação. Então, hoje, minha responsabilidade é maior. E acho que faria me-*

lhor algumas coisas que, no passado, fiz de uma forma [ri] *pouco correta. Estou dizendo isso em função de ter-me visto por inteiro, sem dúvida.*

João falou de sua liderança e demonstrou ter uma visão crítica de seu próprio desempenho que, creio, articula-se com minha análise. Fez, especificamente, uma crítica que considero corajosa com relação ao momento em que foi coordenador da *Unegro*, ressaltando o valor do companheiro que o sucedeu naquele cargo. Neste momento, sugeriu estar desenvolvendo características pessoais de um estágio de articulação.

Por exemplo, na Unegro, *eu vejo ter sido, numa determinada época, um cara muito rígido na militância. Esta característica permitiu à entidade ter essa sobrevida e me vejo responsável por isso. Entretanto, não posso dizer que só fiz coisas erradas. Vejo que em outros momentos poderia ter buscado maior coesão. Teve um rapaz islâmico que se apresentou à* Unegro. *Ele tinha energia muito forte de militância. Era uma pessoa muito forte. Ele insistia em falar do Islã. Eu poderia ter tido uma maior flexibilidade... "Já que você é islâmico, traga para nós essa dimensão do contato, do universo, com relação à questão negra"* [como se estivesse se dirigindo ao rapaz]. *Mas não. Eu falava "É um problema, porque nós aqui temos uma opção ligada ao Candomblé". Eu poderia ter tido uma maior flexibilidade.*

Hoje, parece buscar já uma articulação com visões plurais, o que anteriormente parecia ser difícil.

Tenho tentado, dentro do possível, compreender um pouco mais as dimensões das tradições hebraicas, cristãs e islâmicas. Eu, felizmente, conheço pessoas muito sérias iniciadas nessas tradições. Além das dimensões indígenas. Compartilhamos de muitas coisas. Conversando com um cara de experiência hebraica eu disse que são concepções muito parecidas, com uma desvantagem para ele, pois a nossa é uma experiência civilizatória anterior [ri]. *Muito anterior.* [Como se falasse com o interlocutor] *"Vocês têm seis mil anos." Na região onde se articulou tal dimensão, da cultura anterior que se desdobrou na cultura iorubá, que também se desdobrou em outras culturas, há vestígios de 39 mil anos aC. São muitos anos. Muitas coisas que rolaram, que aconteceram. A impressão que estou tendo, à medida que aprofundo na minha tradição, percebo que tem um "lençol freático", comum a todas as tradições... Todas vão e bebem dessa fonte.*

Comentei que ele parecia uma pessoa com uma subjetividade construída com característica do estágio de militância, o que traz o risco de a pessoa se fechar, inclusive para os próprios companheiros. Estão, hoje, buscando adentrar em um estágio de articulação. João concordou.

Porque a necessidade do instinto de preservação é tão grande que você se preserva em relação a todas as possíveis ameaças, reais e imaginárias.

Perguntei se ele compreendeu, como pontuei anteriormente, tratar-se de um estágio necessário, mas podendo tornar-se um problema se transformar-se em modo de vida. João disse que agora tem uma compreensão maior sobre esse risco.

Eu achei interessante a idéia do fechamento. Não é para a Unegro *se fechar mesmo. Tivemos uma certa noção disso. Nós nos fechamos em relação ao partido político, nos fechamos a outras organizações... Era uma opção de tentarmos crescer ou irmos nos extinguindo. Naquele momento, acho que foi necessário. Foi muito positivo. Tanto que a renovação da coordenação foi feita por causa disso. Hoje, avalio isso! Até agora, acho que fui importante para essa função. Eu a cumpri! Eu preciso reaprender outras coisas para cumprir outras funções. Sentar e negociar. A* Unegro *se abriu muito. Acho que o fato de eu ter saído da coordenação contribuiu para isso. Isto se deu em função da formação que eu tive. O atual coordenador acompanhou essa trajetória. Fez de uma forma diferente. Terminou o seu mestrado, fez o seu doutorado. Construiu uma atividade pessoal e individual que não implicou em interferência na construção da entidade. Foi diferente da fase que eu experimentei. Militar na* Unegro *implicou uma série de restrições comigo – profissionais, intelectuais, sociais. E eu achei legal essa "sacada"! Foi interessante.*

Pontuou, em seguida, a importância do trabalho no favorecimento e na reformulação da ótica sobre sua família, que antes procurava censurar ou velar, em função da dificuldade em aceitar o pai.

> *Gostei muito desse* link *que você fez com minha família, em especial as figuras de meu pai e de minha mãe. Achei muito interessante.*
> *Eu já tinha dito isto a você. Eu nunca tinha conversado com as pessoas sobre isto. Nunca. Ou de forma tão intensa. Muitas coisas eu censurei... com relação às minhas vivências com meu pai e minha mãe. Só não o fiz perante minha mulher. Talvez tenha sido a única pessoa para quem falei acerca de uma série de coisas importantes. E me parece natural isso. Mas, mesmo assim, a forma como conversei contigo e a maneira como os dados foram sistematizados surpreenderam. Talvez um dos grandes problemas seja o fato de eu não ter percebido o sentido dessas coisas. Agora, lógico, eu me permito ter a compreensão de que aquele problema no ônibus teve um significado, minha relação com o Candomblé teve também um significado importante, voltar a estudar foi importante, ter visto amigos morrerem foi importante, a experiência da relação com meu pai e minha mãe foram importantes, os problemas que tive com meu irmão foram importantes... Então você vai vendo... É interessante por ser uma súmula de toda essa minha experiência. Eu tenho agora uma compreensão. Eu acho que eu sou isso!*

O trabalho como um todo teve, para ele, principalmente em relação a seus planos futuros em termos profissionais, um efeito positivo, de instigação. Anteriormente, João se desvalorizava em razão de suas experiências escolares.

Uma das coisas que me pegavam era sob o ponto de vista profissional. Eu sempre procurava me manter na periferia do exercício profissional. Eu dizia sempre o seguinte: "Acho que não ficou legal porque eu não fiz um bom curso". Fiquei preocupado pelo fato de, na época de faculdade, estar militando, de ter sido presidente do DCE. [Falando consigo mesmo] – *"Ah! mas isso te trouxe experiências... É, mas a sua formação do segundo grau não foi legal porque você fez o supletivo!" E nesse contato, vendo o trabalho que foi feito, lendo o texto que você redigiu, disse a mim mesmo – "Não é errado! Eu tenho condições de fazer essas coisas... e muito bem!" Acho que sou melhor do que muitas das pessoas que fizeram uma série de outras coisas. Então eu tenho que realizar minha carreira profissional. Então, vem se dando a reconstituição da família, a reconstrução religiosa também vem ocorrendo e começo a entrar nessa dimensão da reconstituição do projeto profissional. Isto está muito pequeno prá mim* [olhando em torno de sua sala], *está muito medíocre em relação ao projeto que eu preciso construir.*

A importância do "diálogo" entre nós dois, João e pesquisador, pode ser mais bem avaliada através de sua narrativa:

Os trechos mais difíceis de leitura foram aqueles que faziam referências diretas à minha relação com meu pai e minha mãe. Não consegui fazer uma leitura corrida e não consegui fazer uma leitura crítica. Tem um amigo meu que considera uma bobagem o exercício do crítico de cinema. O cara entra no cinema e, quando inicia a projeção, ele entra na tela, briga, coloca-se do lado de um, xinga o outro... Nele, o crítico foi dormir, pois a emoção prevaleceu. Ao entrar em seu texto, aflorou em mim uma emoção muito forte. Fiquei pensando muito nisto – "Caramba, que grandiosidade de vida eu experimentei!" Não tinha visto essa dimensão. "Pô, o Ricardo fez eu me enxergar de uma forma diferente. Muito diferente". É interessante... É lógico que tem essa relação com a religião. A religião me permitiu a reconstituição da fé. Eu preciso dessa religiosidade. O que ela está permitindo é encontrar um mentor de dentro de mim mesmo. Eu preciso desencadear isso que eu tenho dentro de mim.

Eu estou me sentindo muito forte. Não poderoso, não nesse sentido. Mas muito forte e capaz de realizações. Estou vivendo, nesses últimos três anos, experiências muito intensas em minha vida. Como se eu tivesse atingido uma maturidade muito positiva. Vejo meus amigos falando de suas dificuldades com as esposas. Eu não tenho dificuldade nenhuma com minha mulher. Eu adoro minha filha. Ando com ela prá cima e prá baixo e, daqui, já estou sentindo saudade.

Foi um marco legal que eu consegui novamente trabalhar – a reconstituição de minha família.

Uma coisa me incomodou. Me incomodou. Me incomodou o fato de eu não poder explicitar para as pessoas de que aquilo sou eu e minha história! [fala alto]. *Aquele é meu pai* – [diz o nome e sobrenome reais do pai]. *Eu fiquei um pouco incomodado com isso. Porque eu me senti tão feliz com o que estava lendo, que eu queria contar aquilo pro mundo. Aqui é o* [seu nome verdadeiro], *que tem uma mulher assim...* [falando alto].

É bem interessante o que aconteceu nestes dias. Eu estava procurando uma foto de minha mãe para colocar na cristaleira de casa. Eu precisava encontrar uma foto boa de minha mãe. A melhor foto dela é de quando estava mais doente. É uma foto bonita, em preto e branco. Está com os olhos muito vivos, mas muito magrinha. Já estava com metástase. [Falando com ele mesmo] – *"Não! Vou procurar uma outra foto!" E em todas as fotos boas, de quando estava com saúde, está vestida com roupa de empregada doméstica. Eu disse: "Que loucura, eu não queria retratar a minha mãe assim". Pelo contrário. Depois de ler o trabalho, eu decidi colocar sua melhor foto, onde está com aquela roupa, aquele uniforme, porque aquilo está em mim.*

Eu estive pensando muito nisso, o que tem me ajudado.

Eu estou sendo muito franco com você. Você me pede uma crítica... Tem coisas de que eu gostei muito porque me emocionaram muito. Minha mulher leu. E foi interessante porque nós não tínhamos combinado a leitura. Ela ficou profundamente emocionada, profundamente tocada.

– Cara, mas que vida "f." que você tem! [sugere um gesto de admiração da mulher].

Foi super legal! Eu me senti muito bem mesmo. Gostei de me ver exposto assim.

Tem coisas que me chamaram a atenção. Quando você tenta aprofundar a crítica referente ao Movimento Negro. Eu acho que você não foi bem-sucedido porque acabou se apaixonando [ri]. *Algumas referências iam me incomodando, mas quando você chega no final, você revela que também foi contaminado.*

Sabe uma coisa que eu achei legal e me emocionou em sua tese? A gente tem um certo grau de cumplicidade para eu poder dizer isso. Por exemplo, a gente encontra algumas teses sobre o Movimento Negro, de autores que viraram "negrólogos" e percebe que não contêm emoção. Você não vê transformação efetiva. Você não vê carinho, simpatia... Não há a tentativa de introjeção daquele universo. São textos frios. Outros textos carecem de aprofundamento, o conteúdo fica muito empobrecido. O que tem o seu trabalho que se diferencia disso? Não estou dizendo que você vai até o final. Não tenho a intenção de ser agradável. Mas o que eu achei legal é que a generosidade e a amorosidade não me parecem piegas. Pensei: "Em alguma coisa o cara mudou". E isso eu acho legal.

Uma coisa que eu acho legal é você ser solidário, ser amoroso, um co-participante do movimento sem se "fantasiar" de negro. O que vejo no seu trabalho é uma coisa que vai além da fantasia. Mantém a consciência e se permite ser um outro. Eu não corro o risco de um dia, lá em casa, você chegar com um abadá. Eu não corro esse risco. E quando chegar vai ser respeitoso.

Foi importante o *status* que João passou a me atribuir – o de cúmplice. Esta qualidade reflete a posição que assumi – a de um pesquisador realmente comprometido com pessoas que procura compreender e para as quais deve voltar-se. Um trabalho engajado requer certa cumplicidade; não um total distanciamento e uma pretensa neutralidade, o que não considero possível.

Parece que criamos condições para podermos nos olhar e estarmos juntos. Para isso, tivemos que nos transformar.

João "abriu-me sua casa". Já posso entrar em seu mundo.

Encontramos um lugar de convivência comum, sem que ele tenha de se "esbranquiçar" e eu de me "fantasiar".

Creio que somente agora João e eu estamos preparados para compreender e aceitar a alteridade um do outro.

Tornamo-nos, enfim, companheiros de viagem.

Encontramos uma vereda da qual ambos podem desfrutar e, nela, compartilhar visões e raízes ancestrais comuns.

Aqui, percebo ter o meu trabalho já exercido sua função transformadora.

Agora posso concluí-lo.

... e ir à procura de novas veredas.

(IN)CONCLUSÕES

(... avistando novos horizontes)

Em seu término, este trabalho, mais do que trazer respostas finais, levantou inúmeras novas questões.

A identidade, vista como processo dinâmico de transformações pessoais, mostrou ser uma categoria favorável para a compreensão da dinâmica existencial dos indivíduos e especialmente importante para a construção da cidadania dos afro-descendentes, em um contexto que, historicamente, os vem discriminando negativamente. Como João nos mostrou, a constituição de identidades articuladas em torno de matrizes etno-raciais africanas, fruto de um exercício político sistemático, pode vir a favorecer a afirmação individual e coletiva dos indivíduos que têm de lutar contra o preconceito, preservar sua dignidade e superar as restrições impostas pelas condições sociais.

No Brasil, as características etno-raciais do negro estão intensamente associadas a condições sociais deploráveis. Este fato vem se desenvolvendo historicamente desde antes da escravidão, foi mantido após a Abolição e, apesar de algumas conquistas, ainda está presente.

Na construção da identidade de indivíduos pertencentes a uma população afro-descendente, este trabalho sugere um processo de desenvolvimento, através de uma sucessão de estágios.

A pessoa negra pode construir uma identidade referenciada em matrizes culturais branco-européias, por meio de um mecanismo pelo qual procura "igualar-se" ao "mundo branco" pelas atitudes, ou mesmo fisicamente, como no caso da miscigenação, em uma tentativa de minimizar a discriminação, gerando um posicionamento existencial passivo e submisso. Mantém-se, assim, submetida a crenças que incluem a de ter qualidades pessoais negativas, alimentando, não só o preconceito por parte da população de origem branco-européia, como também internalizando um preconceito voltado contra si mesma, atribuindo suas dificuldades às condições sociais ou, o que é mais grave, à incompetência pessoal. Há um terreno fértil para o desenvolvimento e a manutenção de tais identidades – a ficção da "democracia racial", idéia generalizada entre a maioria dos brasileiros e que encobre o preconceito e a discriminação.

Algumas agências formadoras, como a escola, levam a criança a tomar consciência de que é discriminada, além de alimentar uma auto-imagem negativa. Nos dos livros escolares, com raras exceções, a figura do negro ainda é vista de maneira folclorizada, associada à escravidão e sua história africana é omitida. Há um despreparo dos professores no lidar com as diferenças individuais, quaisquer que sejam elas. Cabe aqui a proposta de um amplo debate, em termos educacionais, sobre o preconceito, as práticas discriminatórias e maneiras de superá-los, em função da importância da escola na construção das identidades das crianças, núcleos estruturantes formadores dos futuros adultos.

Entretanto, algumas das situações de discriminação podem provocar forte impacto emocional, levando o afro-descendente à reestruturação de sua identidade, através da busca de suas matrizes etno-raciais, antes desvalorizadas ou vistas como sem importância. É um estágio no qual pode ocorrer a aceitação de sua negritude e o reconhecimento da múltipla ascendência etno-racial.

Considero a família negra como outro lugar fundamental na formação de suas crianças, pois tem a possibilidade de prepará-las para o enfrentamento das situações de adversidade provocadas pelo preconceito que, com certeza, encontrarão pela vida. Vimos a importância, para João, de alguns episódios com seu pai e os modelos das mulheres da família, tanto para sua persistência em enfrentar desafios e suplantar obstáculos, como no seu comprometimento com a causa do afro-descendente. Conforme Souza (1991), as crianças cujas famílias não favoreceram o desenvolvimento de identidades afirmadas positivamente, alimentam desejos e fantasias de um protótipo ideal branco que inclui características físicas. Nessa situação, podem lançar-se a uma busca frenética de "símbolos de prestígio" como forma de dar menor visibilidade aos "símbolos estigmatizados" ou partem para a marginalidade social ou psicológica.

A história de João sugeriu que, com a participação em grupo de militância negra, o contato com manifestações religiosas como no Candomblé, ou culturais, como na capoeira e escola de samba, a pessoa pode desenvolver uma aceitação positiva de suas especificidades étnicas e raciais. A participação em grupos de militância pode favorecer um processo de reconstrução pessoal junto a interlocutores que vivem a mesma problemática, pelo exercício de revisão dos padrões negativos introjetados, além de ser um espaço onde há a possibilidade de obter-se informações sobre a história omitida. A militância é um espaço em que a vergonha de ser negro pode transformar-se em orgulho de ser negro, em que o indivíduo pode desenvolver uma identidade articulada em torno de qualidades positivas e passa a ter nova história, além de intensificar a luta, que já vinha desenvolvendo desde o início da escravidão, por sua afirmação, agora com companheiros articulados em âmbito mundial, na área governamental, na não-governamental e na academia.

Estudos acadêmicos, como este, podem ser importantes para a análise dos processos envolvidos na militância, de maneira a revelar os riscos de se manter fixado no estágio de militância, pois, se esta for exercida como modo de vida, poderá estar desenvolvendo subjetividades fechadas através de mecanismos de exclusão e vedamento, configurando um indivíduo com uma identidade, não afrocentrada, mas "antibranco", o que certamente tende a manter o preconceito que se deseja eliminar.

O preconceito, construção de uma pessoa sobre outra, toma como referência alguma característica à qual se atribui valor negativo. Não se trata, portanto, de uma qualidade da pessoa discriminada e, sim, projetada pelo indivíduo que discrimina. Em uma fase de militância, há um contato intenso com a história dos processos desenvolvidos pela população branca. Na tomada de consciência decorrente deste contato, o branco, muitas vezes utilizado como modelo identificatório, como discutido no estágio de submissão, torna-se o diferente e, ao mesmo tempo, uma ameaça. Dessa forma, é comum o desenvolvimento, pela pessoa negra, de atitudes discriminatórias semelhantes àquelas contra as quais procura lutar, intensificando o preconceito.

Esta fase pode ser superada através da afirmação das diferenças, como nos alerta João. Creio ser a atitude mais difícil de ser alcançada, pois nossas subjetividades ainda são construídas segundo concepções epistemológicas da modernidade, que nos mobilizam na busca de padrões de verdades universais, padrões de excelência, portanto, subjetividades prontas para evitar "o que está fora de lugar" em relação a um padrão estabelecido como correto. Não aprendemos ainda a nos posicionar ante o estranho, ao diferente, sem que ele seja visto como ameaça. Não aprendemos, ainda, a nos colocar ante o outro como diante de uma obra de arte, valorizada exatamente por sua singularidade e excepcionalidade.

Se o preconceito contra o negro é uma construção branca, gerando conflitos e rupturas nas relações, então, a população branca também deve lidar com tal problema e desenvolver uma percepção do outro em sua singularidade, sem que tenha esta um valor negativo. Esta postura depende de uma abertura pessoal e um interesse genuíno de compreensão. O problema do preconceito não se dá somente no âmbito das relações raciais, ele ocorre em todas as relações humanas – na relação terapêutica, em que o cliente age em função de estereótipos negativos voltados às pessoas mais próximas, assim como em relação a si mesmo; nas relações de gênero; nas relações em que pessoas são avaliadas em função de suas opções sexuais; nas relações em que as diferenças sociais transformam-se em fatores de desigualdade de direitos e oportunidades, dentre outras. Assim, a eliminação do preconceito racial do branco sobre o negro, isto é, o desenvolvimento de uma abertura pessoal para conhecer o outro, é um desafio para todos. É trabalho a ser realizado, não só pela população afrodescendente, mas também pelo branco, no sentido de eliminar as suas distorções e solucionar um problema psicológico seu. Entretanto, uma postura de antagonismo radical, atitude comum do afro-descendente fixado em um estágio de militância, pode ser, como já disse, um fator a intensificar as defesas do outro que o discrimina.

Creio, para minimizar tal risco, ser fundamental ao afro-descendente, além de participar do estágio de militância, momento em que toma contato intenso com as raízes históricas que lhe foram ocultas, superar este estágio desenvolvendo comportamentos característicos do estágio de articulação. Então, superar o preconceito constitui um trabalho de dupla via – o branco superando sua visão, passando a olhar o afro-descendente, um cidadão como ele, com peculiaridades pessoais positivamente valorizadas e o afro-descendente desenvolvendo uma consciência mais afrocentrada, olhando para o branco, cidadão como ele, contendo outras especificidades.

A população branca, geralmente sem consciência dos processos envolvidos na instalação e manutenção de seu preconceito racial, também tem uma subjetividade com características do estágio de submissão, mantendo-se alienada em relação à gênese desse preconceito.

Cabem aqui algumas palavras acerca do desenvolvimento de uma identidade não racista por parte da pessoa branca. Há um trabalho de Helms (1993c) que, além de pontuar ser o racismo danoso tanto para as vítimas quanto para seus perpetuadores, discute um modelo de desenvolvimento da identidade branca, pois as pessoas eurocentradas comumente creditam pouca relevância aos aspectos etnoraciais na sua construção pessoal. Descreve o processo de mudanças em que as atitudes da pessoa branca potencialmente progridem através de uma série de estágios. Estes estágios se desenvolvem desde o momento em que o indivíduo reconhece ter sua subjetividade articulada em torno de referências racistas até a tomada de consciência de suas raízes branco-européias.

A pessoa branca, por sua participação no grupo hegemônico, geralmente não se dá conta da importância das variáveis etno-raciais na formação de sua identidade, não tem consciência de seu preconceito e, ao mesmo tempo, beneficia-se do racismo cultural e/ou institucional. Podem ocorrer situações de impacto, por meio das quais tenha que defrontar-se com a realidade do outro, o indivíduo não-branco. Tais contatos, se freqüentes, criam a possibilidade de, gradualmente, reformular as perspectivas etno-raciais. Se tais experiências de socialização gerarem tensão suficiente, desconfirmando suas concepções, a pessoa pode identificar que, na verdade, transita entre vários grupos pluriétnicos. Estes processos, neste momento, entretanto, ainda têm a função de reforçar o valor da "identidade branca", muitas vezes ainda articulada em torno de referências racistas. É comum a atribuição de uma superioridade da cultura branco-européia e das condições etno-raciais consideradas negativas às qualidades sociais, morais e intelectuais dos afro-descendentes. Neste caso, é freqüente a pessoa evitar o contato com a população afro-descendente ou apresentar formas abertas de discriminação. Entretanto, se houver circunstâncias tais que provoquem a manutenção da tensão, o indivíduo pode superar este estágio em que sua identidade é, ainda, essencialmente racista. Neste sentido, são importantes os movimentos negros como formas de conscientização e de intensificação da tensão. Tais situações são semelhantes às descritas no estágio de impacto e podem provocar um processo pelo qual a pessoa começa a transformar sua identidade racista pelo questionamento das próprias concepções sobre a inferioridade do afro-descendente e pela procura de maneiras de redefinição de sua identidade branca. Primeiramente, isto se dá através da busca intencional do abandono das crenças racistas, porém, ainda de maneira intelectual e curiosa acerca do afro-descendente. A pessoa neste estágio pode passar a interagir com afro-descendentes, porém, principalmente, com um sentido de ajuda. Uma atitude paternalista que evidencia ainda uma relação desigual e de superioridade por parte da pessoa branca e tem por padrão as referências branco-européias. Porém, esse processo pode favorecer, ao indivíduo, olhar para suas próprias raízes. A redefinição de uma identidade branca requer a substituição dos estereótipos e mitos, tanto brancos quanto negros, através de informações acuradas acerca do que significa ser branco. Este processo pode levar a uma reestruturação cognitiva e emocional, favorecendo a transição para o estágio em que não há mais a necessidade de oprimir, idealizar ou desconsiderar outras pessoas em função das características de seu grupo de pertença. Como o indivíduo abandona a visão rígida e dicotômica de mundo, tende a abandonar também o racismo cultural ou institucional. A pessoa neste estágio passa a ter um interesse genuíno em relação às especificidades e à possibilidade de uma articulação com grupos culturais diversos.

Este modelo é baseado nas especificidades norte-americanas, cuja classificação é negro/branco. Na realidade brasileira, os estágios não se dão de forma similar. A classificação popular, em vez de reduzir as diferenças raciais em poucas categorias, tende a acentuar as diferenças em um conjunto contínuo entre os extremos branco e negro, valorizando ou depreciando a diferença à medida que se aproxima ou se afasta do modelo preferencial branco.

Além de favorecer a desconstrução do preconceito da população branca e passar a desconsiderar o padrão branco como ideal, o intenso trabalho do afro-descendente no estágio de militância torna-se necessário para criar situações de impacto. Com a recuperação da história da diáspora e das matrizes culturais africanas, também parte do cadinho cultural brasileiro, e com as reivindicações políticas e sociais o afro-descendente dá visibilidade a qualidades das quais o branco não tinha se dado conta, favorecendo uma mudança de percepção em que é forçado a "olhar o outro" e, ao mesmo tempo, para aspectos culturais que também o constituem.

Portanto, se o branco não atingir, igualmente, um estágio que denominei articulação, torna-se então difícil, ao afro-descendente, a resolução do mesmo estágio, pois seria um empreendimento unilateral, mantendo-se a cisão negro/branco que se quer superar.

Para isso, acredito ser uma importante contribuição a educação formal enfatizar as nossas raízes nos currículos e, com a ajuda do afro-descendente, reconstruir a história do processo de formação do povo brasileiro, não mais sob a ótica branca oficial, mas com uma visão mais abrangente; e isso, já temos condições de fazer. Na academia, o debate sobre tais questões deve ser ampliado. O papel do pesquisador é importante, pois ele pode ser o interlocutor privilegiado sobre a problemática negra, já que sua influência, como formador de opinião, torna-se um fator de ampliação deste processo de superação da discriminação negativa.

Sob esse aspecto, a psicologia brasileira pode e deve ter um papel fundamental. Como tentei frisar em alguns momentos do trabalho, torna-se imprescindível o conhecimento de como os processos psicológicos se dão para a compreensão mais ampliada da problemática do afro-descendente, principalmente ante as armadilhas que um discurso social e político, como no caso de uma militância como modo de vida, pode provocar. Para isso devem ser desenvolvidos estudos que, se não diretamente voltados às questões do afro-descendente, pelo menos assumam como relevantes e incluam as variáveis etno-raciais, de modo a favorecer a formação do cidadão brasileiro, sem o risco de legitimar a discriminação.

Torna-se importante, paralela à luta por uma identidade afrocentrada, a luta pela construção de uma identidade brasileira, na qual o branco deixe de negar suas raízes culturais africanas e indígenas, assim como o negro brasileiro, sua raízes culturais européias e também indígenas. Portanto, esta é uma luta do brasileiro, seja ele negro ou branco, é uma luta do brasileiro que é, culturalmente, negro *e* branco *e* índio.

Eu proponho a necessidade de um quinto estágio, um *Estágio de Integração* em que, além de articulação entre grupos diferentes, o diverso passe a ser introjetado – o afro-descendente assimilando e valorizando suas raízes européias e o euro-descendente, suas raízes africanas. Um estágio em que a identidade do brasileiro afro-descendente deixe de ser afrocentrada para tornar-se afroincludente.

Talvez seja possível realizar o desejo de Darcy Ribeiro, um grande apaixonado pelo povo brasileiro – uma civilização composta de cidadãos constituídos por matrizes africanas, indígenas e européias. Porém, não através de um caminho biológico, pela miscigenação, pois esta tem se demonstrado um processo que alimenta o preconceito e as desigualdades sociais, mas de um caminho psicológico, pelo qual tanto o afro quanto o euro-descendente venham a incluir, na sua construção pessoal, referências de força e beleza humanas que, por um processo histórico, lhes foram apresentadas distorcidas ou, o que é pior, lhes foram ocultas ou omitidas.

É possível que tenha sido esta a motivação principal a levar-me à empreitada deste estudo. Tornar-me mais um elemento catalisador na reversão de tais processos de discriminação, para que as pessoas, podendo olhar-se de frente, ao aceitarem e ao respeitarem, de fato, as diferenças, vivam dignamente e construam um coletivo justo.

João, pela narrativa de sua história, na sua dinâmica de identificação, é um exemplo de como este processo pode ocorrer através de uma trajetória de lutas, com sofrimento e vitórias – um mergulhar no passado pessoal, na história do grupo do qual sente-se uma parte, e um projetar-se a um futuro.

O menino negro, nascido em um meio física e socialmente adverso, com processos favorecedores de padrões de submissão e alienação, teve um pai de pouco contato e muita presença, gerando algumas situações voltadas à consciência de sua negritude e do lugar hostil em que se encontrava, levando-o a desenvolver força para a luta, porém, ao mesmo tempo, restrições e ressentimentos em relação às pessoas brancas. A mãe e as tias deram-lhe uma base segura, modelos de força de trabalho, persistência, dignidade e personalização.

O menino que não gostava de sua estética, a "mosca no copo de leite", com "torcicolo" ao ser hostilizado no ônibus, condenado por um sistema estruturalmente discriminatório a permanecer como "mero indivíduo", transformou-se em um lutador e em um caminhante em busca de sua história ancestral.

É o caminho de um "negro" transformando-se em "afro-descendente". Para isso, viveu vários personagens articulados em torno de qualidades de desbravador, de protetor e transformador, qualidades sobre as quais fundou seu papel de militante em vários lugares, os quais passaram também a defini-lo e, através dos quais tornou-se plural.

Não mais se determinava pela cor da pele e por um *status* estabelecido por uma sociedade referenciada em outra cor, mas passou a identificar-se pela posição em uma rede de relações sociais configurada em um processo histórico marcado por sofrimento e luta.

Sua ferocidade ainda é resquício do ressentimento desenvolvido pelas situações em que foi visto como de menor valia.

Hoje, sente-se instalado em um grande território construído sobre uma cosmovisão africana, contendo muitos parceiros, não mais em um pequeno lugar nas franjas da sociedade, antes a ele destinado.

Então, quem é João? É um processo e um projeto que o definem e o engendram. Um processo de reconstrução da história que um dia foi apagada, de resgate da importância de sua ancestralidade, de desenvolvimento da consciência de ser futuramente um ancestral e da responsabilidade de um projeto – o de deixar um legado positivo aos descendentes.

João, vítima de um processo histórico perverso, passou de sobrevivente a construtor de um novo caminho, o de transformação e construção de uma identidade afro-includente, um processo de construção do sentido de autoria da própria história. Não apesar de ser negro e pobre, mas sobretudo por ser negro e pobre.

Fixado ainda em um estágio de militância, porém já em articulação com outras raízes culturais que também possui, João – o "negro" que se tornou "afro-descendente" –, em vias de tornar-se um "brasileiro *afro-euro-índio-descendente*".

Para isso, ele, referenciado em Machado de Assis, vai legar à sua filha "uma história, não só de misérias, mas de lutas, de vitórias e de ancestralidades". A mim, deixou como legado, além da transformação pessoal, uma história construída de vidas intensamente vividas, sua e de muitos companheiros de percurso, e que se transformou em um convite para me juntar a esta jornada, não para um final, pois é caminho de muitas trilhas, obra em aberto, recomeço para a descoberta de novas veredas.

... pois, como diz Guimarães Rosa: "vivendo se aprende; mas o que se aprende, mais, é só fazer maiores perguntas".

REFERÊNCIAS BIBLIOGRÁFICAS

ALVAREZ, H. F. *Fundamentos de un modelo integrativo en psicoterapia.* Buenos Aires, Paidós, 1992.

AMARAL, L. A. *Do Olimpo ao mundo dos mortais ou dando nome aos bois.* São Paulo, Edmetec, 1988.

________. *Espelho convexo: o corpo desviante no imaginário coletivo, pela voz da literatura infanto-juvenil.* São Paulo. Tese de doutorado – Instituto de Psicologia, Universidade de São Paulo, 1992.

AMARAL, M. Mais de 50.000 anos. *Caros Amigos Especial*, n. 3, setembro, pp. 4-8, 1998.

ANDRADE, E. N. "Do movimento negro juvenil a uma proposta multicultural de ensino: reflexões". In: *Educação e os afro-brasileiros: trajetórias, identidades e alternativas.* Salvador, Novos Toques, pp. 181-202, 1997.

ARAÚJO, R. C. "Tradição e educação: a construção da cidadania 'angoleira' em Salvador (Anos 80-90)". In: *Educação e os afro-brasileiros: trajetórias, identidades e alternativas.* Salvador, Novos Toques, pp. 205-223, 1997.

AZEVEDO, S. Relações entre empregadas e patroas: a inter-relação do racismo e sexismo. *Psicologia e Sociedade*, vol. 2, n. 4, pp. 157-159, 1988.

BARBOSA, I. M. F. Socialização e identidade racial. *Cadernos de Pesquisa*, v. 63, pp. 54-55, 1987.

BENTO, M. A. S. *Cidadania em preto e branco – Discutindo as relações raciais.* São Paulo, Ática, 1998.

BERGER, P. L. *O dossel sagrado: elementos para uma teoria sociológica da religião.* São Paulo, Paulinas, 1985.

BERGER, P. L. e LUCKMAN, T. *The social construction of reality: a treatise in the sociology of knowledge.* Harmondsworth, Penguin Books, 1972.

BRAGA, J. *Na gamela do feitiço: repressão e resistência nos candomblés da Bahia.* Salvador, Editora da Universidade Federal da Bahia, 1995.

CASAS, J. M. "Policy, training, and research in counseling psychology: the racial/ethnic minority perspective". In: BROWN, S. D. e LENT, R. W. (eds.). *Handbook of counseling psychology.* New York, John Wiley & Sons, pp. 785-831, 1984.

CIAMPA, A. C. *A estória do Severino e a história da Severina: um ensaio de psicologia social.* São Paulo, Brasiliense, 1987.

COELHO Jr., N. A identidade (em crise) do psicólogo. *Cadernos de Subjetividade*, v. 4, pp. 302-314, 1996.

COSTA, N. M. "O misticismo na experiência religiosa do Candomblé". In: *Religiosidade popular e misticismo no Brasil*, vários autores. São Paulo, Paulinas, 1984.

CROSS Jr., W. E. "Two factor theory of Black identity: implications for the study of identity development in minority children". In: PHINNEY, J. S. e ROTHERAM, M. J. (eds.). *Childrend's ethnic socialization.* Beverly Hills, Cobb & Henry, pp. 117-133, 1987.

________ . *Shades of black: diversity in African-American identity.* Philadelphia, Temple University Press, 1991.

D'ADESKY, J. *Pluralismo étnico e multiculturalismo: racismos e anti-racismos no Brasil.* São Paulo, 340 p. Tese de doutorado – Departamento de Antropologia Social da Faculdade de Filosofia, Letras e Ciências Humanas, Universidade de São Paulo, 1996.

DESCARTES, R. *Discurso do método.* Brasília, Ed. Univ. de Brasília/ São Paulo, Ática, 1989 (1637).

FERREIRA, R. F. *Grandes questões: Veredas – A militância e o processo de subjetivação do homem contemporâneo.* São Paulo, 192p. Dissertação de mestrado – Instituto de Psicologia, Universidade de São Paulo, 1996.

* ________. "A construção da identidade do afro-descendente. A psicologia brasileira e a questão racial". In: BACELAR, J. e CAROSO, C. (orgs.). *Brasil, um país de negros?* Rio de Janeiro, Pallas; Salvador, Ba, CEAO, pp. 71-86, 1999.

FERREIRA, R. F. e ELIAS, A. C. A pós-modernidade, a crise da ciência e o sujeito do conhecimento: uma saída dialógica. *Revista Psicopedagógica,* v. 4, n. 4, pp. 6-15, 1998.

FEYERABEND, P. *Contra o método.* 3. ed. Rio de Janeiro, Francisco Alves, 1989.

FERNANDES, F. *A integração do negro na sociedade de classes.* 3. ed. São Paulo, Ática, 1978.

FIGUEIREDO, L. C. *Modos de subjetivação no Brasil e outros escritos.* São Paulo, Educ/Escuta, 1995.

FROTA-PESSOA, O. "Raça e eugenia". In: SCHWARCZ, L. M. e QUEIROZ, R. S. (orgs.). *Raça e diversidade.* São Paulo, Edusp/Estação Ciência, pp. 29-45, 1996.

GADAMER, H-G. *Verdad y método I: fundamentos de una hermenéutica filosófica.* Salamanca, Espanha, Ediciones Sígueme, 1993.

GUSMÃO, N. M. M. *A dimensão política da cultura negra no campo: uma luta, muitas lutas. São Paulo.* Tese de doutorado – Faculdade de Filosofia, Ciências e Letras, Universidade de São Paulo, 1990.

HELMS, J. E. Toward a theoretical explanation os the effects of race on counseling: a Black and White model. *The Couseling Psychologist,* v. 12, n. 4, pp. 153-165, 1984.

________. "Introduction: review of racial identiy terminology". In: HELMS, J. E. (ed.). *Black and White racial identity: heory, research, and practice.* Westport, Praeger, pp. 3-8, 1993a.

________. "An overview of Black racial identity theory". In: HELMS, J. E. (ed.). *Black and White racial identity: theory, research, and practice.* Westport, Praeger, pp. 9-32, 1993b.

________. "Toward a model of White racial identity development". In: HELMS, J. E. (ed.). *Black and White racial identity: theory, research, and practice.* Westport, Praeger, pp. 49-66, 1993c.

HUTZ, C. S. Atitudes com relação à cor em crianças brancas, mulatas e negras. *Psicologia: Reflexão e Crítica,* v. 3, n. 1/2, pp. 32-37, 1988.

HUTZ, C. S. e RAMPON, M. Diferenças raciais e sexuais na produção de itens evolutivos no desenho da figura humana. *Resumos da SBPC, 40ª Reunião,* v. 40, n. 7, pp. 951-952, 1988.

JORDAN, J. V., SURREY, J. L. e KAPLAN, A. G. "Women and empathy: implicatons for psychological development and psychotherapy". In: JORDAN, J. *et al. Women's growth inconnection: writings from the Stone Center.* New York, Guilford Press, 1991.

JUNQUEIRA, V. M. S. R. *et al.* Percepção da publicidade vinculada pela Benetton – menina branca e menina negra. *Resumos da SBPC, 46ª Reunião,* v. 46, p. 854, 1994.

KAJIHARA, O. T. As relações raciais entre alunos da educação especial: um estudo através do desenho cinético da escola. *Boletim de Psicologia,* v. 45, n. 102, pp. 105-115, 1995.

KELLY, G. A. *A theory of personality: the psychology of personal constructs.* New York, Norton & Company, 1963.

KUHN, T. S. *A Estrutura das revoluções científicas.* 2. ed. São Paulo, Perspectiva, 1978.

LALANDE, A. *Vocabulário técnico e crítico da filosofia.* São Paulo, Martins Fontes, 1993.

LIMA, L. A. N. *Capoeira Angola – Lição de vida na civilização brasileira.* São Paulo, 142 p. Dissertação de mestrado – Faculdade de Psicologia, Pontifícia Universidade Católica de São Paulo, 1991.

LYOTARD, J. F. *O pós-moderno.* 4. ed. Rio de Janeiro, José Olympio, 1993.

MAHONEY, M. J. *Human change processes: the scientific foundations of psychotherapy.* New York, Basic Books, 1991.

MATURANA, H. "Ciência e cotidiano: a ontologia das explicações científicas". In: WATZLAWICK, P. e KRIEG, P. (orgs.) *O olhar do observador.* Campinas, Editorial Psy II, pp. 163-198, 1995.

MATURANA, H. e VARELA, F. *A árvore do conhecimento.* Campinas, Editorial Psi, 1995.

MENDES, M. G. *O negro e o teatro brasileiro.* São Paulo, Hucitec/Rio de Janeiro, Instituto Brasileiro de Arte e Cultura/Brasília, Fundação Cultural Palmares, 1993.

MERLEAU-PONTY, M. *O visível e o invisível.* São Paulo, Perspectiva, 1971.

________. *Fenomenologia da percepção.* São Paulo, Martins Fontes, 1994 (1945).

MORIN, E. *Introdução ao pensamento complexo.* 2. ed. Lisboa, Instituto Piaget, 1995.

MOURA, C. *Sociologia do negro brasileiro.* São Paulo, Ática, 1988.

________. *Dialética radical do Brasil negro.* São Paulo, Ed. Anita, 1994.

NASCIMENTO, E. L. (org.). *A África na escola brasileira: relatório do 1º Fórum Estadual sobre o Ensino da História das Civilizações Africanas na Escola Pública.* Brasília, Senado Federal, Gabinete do Senador Abdias do Nascimento, 1991.

NEGRÃO, E. V. A discriminação racial em livros didáticos e infanto-juvenis. *Cadernos de Pesquisa,* v. 63, novembro, pp. 86-87, 1987.

PARHAM, T. A. e HELMS, J. E. Relation of racial identity attitudes to self-actualization and affective states of black students. *Journal of Counseling Psychology,* v. 32, n. 3, pp. 431-440, 1985.

PEREIRA, J. B. B. A criança negra: identidade étnica e socialização. *Cadernos de Pesquisa,* v. 63, pp. 41-45, 1987.

________. "Racismo à brasileira". In: MUNANGA, K. (org.). *Estratégias e políticas de combate à discriminação racial,* pp. 75-78. São Paulo, Edusp/Estação Ciência, 1996.

PINTO, R. P. A representação do negro em livros didáticos de leitura. *Cadernos de Pesquisa,* 63, novembro, pp. 88-92, 1987.

PIZA, E. S. P. *O caminho das águas: Estereótipos de personagens femininas negras na obra para jovens brancas.* São Paulo, 145 p. Tese de doutorado – Faculdade de Psicologia, Pontifícia Universidade Católica de São Paulo, 1995.

________. *O caminho das águas.* São Paulo, Edusp/Com-Arte, 1998.

PRIGOGINE, I. e STENGERS, I. *A nova aliança: a metamorfose da ciência.* Brasília, Editora Universidade de Brasília, 1984.

REHBEIN, F. C. *Candomblé e salvação.* São Paulo, Loyola, 1985.

REIS, E. A. *Mulato: negro-não-negro e/ou branco-não-branco – Um estudo psicossocial sobre identidade.* São Paulo, 107p. Dissertação de mestrado – Faculdade de Psicologia, Pontifícia Universidade Católica de São Paulo, 1997.

RIBEIRO, D. *O povo brasileiro: a formação e o sentido do Brasil.* São Paulo, Companhia das Letras, 1995.

RIBEIRO, R. *A mulher, o tempo e a morte: um estudo sobre envelhecimento feminino no Brasil e na Nigéria.* São Paulo, 237 p. Tese de doutorado – Instituto de Psicologia, Universidade de São Paulo, 1987.

RIBEIRO, R. I. *Alma africana no Brasil. Os iorubás.* São Paulo, Oduduwa, 1996.

________. "Políticas de ação afirmativa e a temática racial no Projeto de Educação para a Paz". In: *Educação e os afro-brasileiros: trajetórias, identidades e alternativas.* Salvador, Novos Toques, pp. 153-178, 1997.

RODRIGUES, R. N. *Os africanos no Brasil.* Brasília, Editora da Universidade de Brasília, 1988 (1932).

ROSEN, W. On the integration of sexuality: lesbian daughters and their mothers. *Work in Progress,* n. 56. Wellesley, Stone Center Working Papers Series, 1992.

SANTOS, B. S. *Introdução a uma ciência pós-moderna.* Rio de Janeiro, Graal, 1989.

________. *Um discurso sobre as ciências.* 8. ed. Porto, Edições Afrontamento, 1996.

SANTOS, H. Uma teoria para a questão racial do negro brasileiro. A trilha do círculo vicioso. *São Paulo em Perspectiva.* Revista da Fundação SEADE, v. 8, n. 3, 1994.

________. "Uma visão sistêmica das estratégias aplicadas contra a discriminação racial". In: MUNANGA, K. (org.). *Estratégias e políticas de combate à discriminação racial,* 113-120. São Paulo, Edusp/Estação Ciência, 1996.

SILVA, A. C. *A discriminação do negro no livro didático.* Salvador, Centro Editorial e Didático/Centro de Estudos Afro-orientais, 1995.

SOUZA, I. S. *O resgate da identidade na travessia do movimento negro: arte, cultura e política.* São Paulo, 376 p. Tese de doutorado – Instituto de Psicologia, Universidade de São Paulo, 1991.

SPINK, M. J. P. "Desvendando as teorias implícitas: uma metodologia de análise das representações sociais". In: GUARESCHI, P. e JOVCHELOVITCH, S. (orgs.). *Textos em representações sociais.* Rio de Janeiro, Vozes, 1994.

________. "O sentido da doença: a contribuição dos métodos qualitativos na pesquisa sobre o câncer". In: GIMENES, M. G. G. org. *A mulher e o câncer.* Campinas, Editorial Psy, pp. 197-224, 1997.

TAMAYO, A. *et al.* Efeito da raça e provocação da vítima na atribuição de responsabilidade pelo estupro. *Resumos da SBPC, 39ª Reunião,* v. 39, n. 7, p. 877, 1987a.

________ *et al.* Atribuição de responsabilidade pelo estupro: influência da idade da vítima e da raça do estuprador. *Resumos da SBPC, 39ª Reunião,* v. 39, pp. 877-878, 1987b.

TATUM, B. D. Racial identity development and relational theory: the case of Black women in White communities. *Work in Progress,* n. 63. Wellesley, Stone Center Working Papers Series, 1993.

TAYLOR, D. M. e MCKIRNAN, D. J. A five-stage model of intergroup relations. *British Journal of Social Psychology,* v. 23, pp. 291-300, 1984.

TEIXEIRA, M. A. S. B. *Disciplinação no trabalho e resistência na voz dos trabalhadores negros.* São Paulo, 208p. Dissertação de mestrado – Faculdade de Psicologia, Pontifícia Universidade Católica de São Paulo, 1992.

TEODORO, M. L. Identidade, cultura e educação. *Cadernos de Pesquisa,* v. 63, pp. 46-50, 1987.

TOLEDO, J. R. Mortalidade infantil é maior entre os negros. *Folha de S. Paulo.* São Paulo, 16 de nov., 4º caderno, pp. 1-2, 1998.

VALENTE, A. L. E. F. Proposta metodológica de combate ao racismo nas escolas. *Cadernos de Pesquisa,* v. 93, pp. 40-50, 1995.

[illegible] impresso em [illegible]
nas Oficinas da EDITORA GRÁFICA [illegible] LTDA
[illegible] — [illegible] — Fone [illegible]

Este livro foi impresso em 2000
nas Oficinas da EDITORA GRÁFICA SERRANA LTDA.
Rua General Rondon, 1500 – Petrópolis – RJ – Tel.: (24) 237-0055